# 区块链应用操作员

孙佰清　张书林　著

哈爾濱工業大學出版社

## 内 容 简 介

全书内容分为基础知识、区块链应用设计、区块链测试、区块链应用操作、区块链运维五篇。第一篇基础知识,包含第一章至第三章,内容涵盖计算机基础知识、区块链基础知识和区块链应用操作常用知识;第二篇区块链应用设计,包含第四章至第六章,内容涵盖用户调研、应用设计和文档管理;第三篇区块链测试,包含第七章至第九章,内容涵盖测试设计、测试环境搭建和软件测试;第四篇区块链应用操作,包含第十章至第十二章,内容涵盖账户创建与管理、应用接入和应用操作问题收集;第五篇区块链运维,包含第十三章和第十四章,内容涵盖系统环境搭建和系统配置。

本书紧扣《区块链应用操作员国家职业技能标准(2021年版)》大纲撰写而成,可为学生学习区块链相关知识提供有力支持,帮助学生更快掌握职业技能。

**图书在版编目(CIP)数据**

区块链应用操作员/孙佰清,张书林著.—哈尔滨:哈尔滨工业大学出版社,2023.6
ISBN 978-7-5767-0024-4

Ⅰ.①区… Ⅱ.①孙…②张… Ⅲ.①区块链技术—应用—研究 Ⅳ.①F713.361.3

中国版本图书馆CIP数据核字(2022)第107391号

| | |
|---|---|
| 策划编辑 | 杨秀华 |
| 责任编辑 | 苗金英 |
| 出版发行 | 哈尔滨工业大学出版社 |
| 社　　址 | 哈尔滨市南岗区复华四道街10号 邮编150006 |
| 传　　真 | 0451-86414749 |
| 网　　址 | http://hitpress.hit.edu.cn |
| 印　　刷 | 哈尔滨市颉升高印刷有限公司 |
| 开　　本 | 787 mm×1 092 mm　1/16　印张14.25　字数344千字 |
| 版　　次 | 2023年6月第1版　2023年6月第1次印刷 |
| 书　　号 | ISBN 978-7-5767-0024-4 |
| 定　　价 | 78.00元 |

(如因印装质量问题影响阅读,我社负责调换)

# 序

  2016年12月，国务院印发《"十三五"国家信息化规划》鼓励针对区块链等战略性前沿技术提前布局。2019年10月24日，中共中央政治局就区块链技术发展现状和趋势进行第十八次集体学习，强调要把区块链作为核心技术自主创新的重要突破口，加快推动区块链技术和产业创新发展。为规范区块链从业者的从业行为，引导职业教育培训的方向，为职业技能鉴定提供依据，依据《中华人民共和国劳动法》，适应经济社会发展和科技进步的客观需要，人力资源和社会保障部联合工业和信息化部组织有关专家制定了《区块链应用操作员国家职业技能标准（2021年版）》。本人作为《区块链应用操作员国家职业技能标准（2021年版）》的审定人员，见证了标准的起草审定和公布，但与此标准相对应的教材却迟迟未能面世。

  本书内容完全契合《区块链应用操作员国家职业技能标准（2021年版）》的要求和精神，内容丰富全面，案例翔实。本书作者深耕区块链行业多年，一直致力于探索区块链技术前沿和行业应用，在区块链领域有着丰富的研发经验和实战经验。本书以《区块链应用操作员国家职业技能标准（2021年版）》为依据，深入浅出地介绍了区块链基础知识、区块链应用设计、区块链测试、区块链应用操作、区块链运维等内容，并提供了大量一手开发实践案例。

  区块链是一门年轻的学科，它还有许多可以探索和突破的方向，希望广大读者能够以本书为引，充分学习掌握区块链技术，做到融会贯通，达到《区块链应用操作员国家职业技能标准（2021年版）》所要求的职业能力和素养，为区块链学科的研究和突破增光添彩。

深圳市信息服务业区块链协会会长 郑定向<br>
2022年3月

# 前　　言

目前，市面上区块链相关书籍众多，但多为商业与普及类书籍，且质量良莠不齐，契合《区块链应用操作员国家职业技能标准（2021年版）》要求的书籍几乎没有。因此我们非常需要能够满足《区块链应用操作员国家职业技能标准（2021年版）》要求的书籍，为区块链应用操作员的职业培训提供重要支持。

《区块链应用操作员》填补了这一空白，本书旨在提供全面翔实、全球领先的区块链技术指导，助力国家战略层面的专业化技术人才培养，推动区块链教学、研究与应用的发展。

感谢郑定向先生及《区块链应用操作员国家职业技能标准（2021年版）》编委会众多委员的建议和指导；感谢腾讯、百度、阿里巴巴、教链科技等团队提供了其区块链产品的相关信息；感谢哈尔滨工业大学金融研究所提供的大力支持；感谢彭帅、蔡居远、赵沐华等技术专家提供的一线项目实战经验；感谢李永奇、王茜、周建红、赵晨、温见峰、侯李龙、包奕智、杨星、李彤、胡中珏、傅杰、王一凡、杜思益等同仁的辛苦付出；感谢各个项目团队，大家各展所长、各尽所能，贡献了相应的章节内容，构成了本书的框架和细节；感谢书中所引用的知识文献的相关学者。再次感谢为了本书付出汗水和艰辛的每个人。

作　者

2022年3月

# 目 录

## 第一篇 基础知识

**第一章 计算机基础知识** ……………………………………………… 1
 第一节 计算机网络原理与应用 ………………………………… 1
 第二节 云平台 …………………………………………………… 9
 第三节 数据库系统 ……………………………………………… 11
 第四节 计算机、互联网和信息化发展 ………………………… 16

**第二章 区块链基础知识** ………………………………………………… 24
 第一节 区块链的起源及发展 …………………………………… 24
 第二节 区块链的应用 …………………………………………… 27
 第三节 密码学技术与应用 ……………………………………… 33
 第四节 分布式系统技术与应用 ………………………………… 42
 第五节 区块链技术架构 ………………………………………… 53
 第六节 区块链主流应用系统结构 ……………………………… 60

**第三章 区块链应用操作常用知识** ……………………………………… 86
 第一节 区块链应用操作技术文档写作 ………………………… 86
 第二节 区块链中常用英文专业术语 …………………………… 88

## 第二篇 区块链应用设计

**第四章 用户调研** ………………………………………………………… 101

**第五章 应用设计** ………………………………………………………… 106
 第一节 模型设计 ………………………………………………… 106
 第二节 方案设计 ………………………………………………… 113

**第六章 文档管理** ………………………………………………………… 121

## 第三篇 区块链测试

**第七章 测试设计** ………………………………………………………… 128

**第八章 测试环境搭建** …………………………………………………… 135

**第九章 软件测试** ………………………………………………………… 143

## 第四篇　区块链应用操作

第十章　账户创建与管理……………………………………………………… 150
　　第一节　数字证书创建…………………………………………………… 150
　　第二节　通道管理………………………………………………………… 156
第十一章　应用接入…………………………………………………………… 164
　　第一节　使用脚本进行合约安装………………………………………… 164
　　第二节　合约调用与升级………………………………………………… 167
第十二章　应用操作问题收集………………………………………………… 174

## 第五篇　区块链运维

第十三章　系统环境搭建……………………………………………………… 177
　　第一节　系统环境概述…………………………………………………… 177
　　第二节　系统环境搭建准备……………………………………………… 180
第十四章　系统配置…………………………………………………………… 185
　　第一节　配置方式………………………………………………………… 185
　　第二节　节点和客户服务通信方式……………………………………… 193
　　第三节　区块链数据存储设置方式……………………………………… 199
　　第四节　共识方式选择…………………………………………………… 205
参考文献………………………………………………………………………… 217

# 第一篇 基础知识

# 第一章 计算机基础知识

## 第一节 计算机网络原理与应用

### 一、互联网概述

互联网（Internet）是全球成千上万的计算机相互联结在一起形成的，可以相互通信的计算机网络系统，它是当今最大的和最著名的国际性资源网络。

**（一）Internet 的起源与发展**

Internet 最早起源于美国国防部高级研究计划局（DARPA）于 1968 年主持研制的计算机实验网络 ARPAnet。Internet 的真正发展是从 NSFnet 的建立开始的。20 世纪 80 年代，美国国家科学基金会（NSF）提出了 NSFnet 的发展计划。1988 年底，NSF 把在全国建立的五大超级计算机中心用通信干线连接起来，组成基于 IP 协议的计算机通信网络 NSFnet，并以此作为 Internet 的基础，实现与其他网络的连接。NSFnet 至今仍是 Internet 最重要的主干网，它连接了全美上千万台计算机，拥有几千万用户，是 Internet 最主要的成员网。

**（二）Internet 的组织与管理**

Internet 作为一个全球性的国际互联网络，没有专门的机构进行集中管理，而是由一些民间组织进行管理，主要有以下 3 个组织。

（1）Internet 协会（Internet Society，ISOC），由志愿者组成，主要负责技术管理和指导工作。

（2）Internet 组织委员会（Internet Architecture Board，IAB），由志愿者组成，负责制定标准和分配资源（如 IP 地址）。

（3）Internet 工程任务组。

**（三）Internet 网络结构**

Internet 采用层次网络的结构，即主干网、次级网和园区网逐级覆盖。

（1）主干网由代表国家或者行业的有限个中心节点通过专线连接形成，覆盖到国家一级；连接各个国家的 Internet 互联中心，如中国互联网络信息中心（CNNIC）。

(2)次级网(区域网)由若干个作为中心节点的代理的次中心节点组成,如教育网各地区网络中心、电信网各省互联网中心等。

(3)园区网(校园网、企业网),指直接面向用户的网络。

**(四)我国的Internet**

我国的Internet日渐成熟,已构建了十多个覆盖全国的计算机互联网。

1. 中国公用计算机互联网(CHINAnet)

CHINAnet是邮电部门经营管理的中国公用计算机互联网。它是中国Internet的骨干网,是全球Internet的一部分。

2. 中国教育和科研计算机网(CERnet)

CERnet是由教育部负责建设的,覆盖全国教育机构的计算机网络。该网络由全国骨干网、地区网和校园网三个层次组成,国际出口在清华大学,该网与CHINAnet在北京专线互联。

3. 中国科技网(CSTnet)

CSTnet是在中关村地区教育与科研示范网络(NCFC)的基础上建立起来的,其核心成员有中科院网、北京大学校园网、清华大学校园网等。

4. 中国金桥信息网(CHINAGBnet)

CHINAGBnet也称中国国家公用经济信息通信网,主要以卫星和微波连接为手段,是覆盖全国的公用网。

**(五)Internet接入技术**

接入技术根据其所用的传输介质分为有线接入和无线接入两大类。无线接入技术又分为固定接入和移动接入两大类。

下面介绍几种常见的接入方式。

1. 调制解调器

调制解调器使得数字信号能在有限带宽的模拟信道上进行远距离的传输,它一般由基带处理、调制解调、信号放大和滤波、均衡等几部分组成。

(1)调制解调器的类型。调制解调器按外形结构分为外置式、内置式和PC卡式三种。按功能分为:传统的用于数据传输的Modem、兼有传真功能的FAX Modem、用于有线电视网的Cable Modem和用于ADSL的ADSL Modem;按工作方式分为:全双工Modem和半双工Modem。

(2)调制解调器的标准。调制解调器的标准是国际电信联盟电信标准化部门ITU－T(前身为国际电报电话咨询委员会,简称CCITT)制定的V系列协议标准,它可分为速率标准、压缩标准和纠错标准。V系列的速率标准根据不同的传输速率有所不同,目前主要使用V.90。V系列的压缩标准有MNP5和V.42bis。

2. 拨号接入

拨号接入方式是指通过调制解调器将用户的计算机与电话线相连,通过电话线传输数据。拨号接入包括普通Modem拨号接入、ISDN拨号接入和ADSL虚拟拨号接入。其中普通Modem拨号接入(即电话拨号接入)是个人用户接入Internet最早使用的方式之一，它将用户计算机通过电话网接入 Internet。

3. 局域网接入

通过局域网直接访问 Internet，其原理和过程较为简单，就是把用户的计算机连接到一个 Internet 直接相连的局域网 LAN 上，并且获得一个永久属于用户计算机的 IP 地址。局域网接入的特点是传输速率高，对用户计算机的配置要求比较高，需要有网卡以及安装有 TCP/IP 软件。

4. 专线接入

(1) ISDN 专线接入。

ISDN 综合业务数字网络是基于公共电话网的数字化网络，它能够利用普通的电话线双向传送高速数字信号，广泛地进行各项通信业务，包括语音、数据、图像等。通过 ISDN 专线上网的特点是方便、速度快，最高上网速度可达到 128 KB/s。

(2) DDN 专线接入。

DDN 数字数据网是利用数字信道提供永久性连接电路，用来传输数据信号的数字传输网络。DDN 专线接入向用户提供的是永久性的数字连接，沿途不进行复杂的软件处理，因此延时较短，避免了传统的分组网中传输协议复杂、传输时延长且不固定的缺点；DDN 专线接入采用交叉连接装置，可根据用户需要，在约定的时间内接通所需带宽的线路，信道容量的分配和接续均在计算机控制下进行，具有极大的灵活性和可靠性，使用户可以开通各种信息业务，传输任何合适的信息。

(3) xDSL 接入。

数字用户线路(Digital Subscriber Line, DSL)是指通过现有的电信网络，使用高级的数字调制解调技术，在常规的用户铜质双绞线上传送宽带信号。

5. 光纤接入

光纤接入网是采用光纤作为主要传输介质来取代传统双绞线的一种宽带接入网技术。光纤接入是指局端与用户之间完全以光纤作为传输介质。这种接入网方式在光纤上传送的是光波信号，因而需要在发送端将电信号通过电/光转换设备变成光信号，在接收端利用光网络单元进行光/电转换，将光信号复原为电信号送到用户设备。光纤接入网具有上下信息都能宽频带传输、新建系统有较高的性能价格比、传输速度快、传输距离远、可靠性高、保密性好、业务综合等优点。

(1) 按照光纤铺设位置分类。按照光纤铺设的位置，光纤接入网可分为光纤到用户(FTTH)、光纤到路边(FTTC)、光纤到大楼(FTTB)、光纤到办公室(FTTO)等。

(2) 按照光纤网络使用的器件分类。按照光纤接入网中使用的器件是否有源，可分为有源光纤接入网(AON)和无源光纤接入网(PON)。有源光纤接入网络传输速率从 64 KB/s 到几百 MB/s，传输距离可达到 70 km。无源光纤网络采用总线－星型结构。

(3) 同步光纤接入网。近年来兴起的同步光纤接入网——同步数字体系(Synchronous Digital Hierarchy, SDH)是一个将复接、线路传输及交换功能融为一体的，由统一网络管理系统操作的综合信息传输网络。SDH 接入网技术具有兼容性好、容量大、自愈保护能力完善和支持 IP 接入等特点。光纤接入是目前速度最快的一种接入方式，适用于对带宽要求较高的大型局域网接入 Internet。

### (六)第二代 Internet

**1. NGI 计划**

新一代 Internet 计划 Next Generation Internet,简称 NGI 计划。

**2. NGI 的逻辑结构**

NGI 的逻辑结构分为三个层次,一层是高速传输和交换的核心网,也称为骨干网;二层是提供与核心网的连接,为用户业务提供适配的接入网;三层是为用户提供各种服务的业务网。

(1)NGI 的核心网。核心网由分组交换设备和传输线路组成。传输线路主要是光缆,它用于核心网内交换设备之间的连接以及接入网到核心交换设备的连接。

(2)NGI 的接入网。接入网的功能是为各种服务提供支撑,使它们适配到核心网上。

(3)NGI 的业务网。在通常的概念中,每一种业务都有一个网络来支持它,例如,电话网提供话音服务,有线电视网提供电视广播服务,X.25 数据网提供数据服务,Internet 提供计算机互联服务等。包括核心网在内的宽带接入网就是一个各种服务的承载网,各种服务都可以叠加在这个接入网之上。

## 二、内部网的构建与服务

内部网(Intranet)是指把企业的通信资源(含处理器、存储器等)以及企业的信息资源等捆绑在一起的网络。通过这个网络,内部员工可以很方便地访问这些资源。

Intranet 是基于 Internet WWW 的概念与技术构建的机构内联网络。只有公司内成员才可以访问相关资源,或发布有效信息,或协同工作,从而提高工作效率。

### (一)Intranet 的结构

从结构上看,Intranet 主要包括网络操作系统 NOS、WWW、电子邮件和数据库。它们之间既是相互独立的,又是相互关联的。

其中 WWW、电子邮件和数据库都分为服务器端和客户端两部分。WWW 服务器和电子邮件服务器都是需要和外界的 Internet 相连的,一般 WWW 服务器通过代理服务器连接;电子邮件服务器可以直接与 Internet 相连,也可以通过防火墙相连。

### (二)Intranet 的构建与应用

Intranet 是由不同的网络设备组成的,有的设备负责分隔网络冲突域,有的实现网上信息的安全转发功能,通过它们的有机整合才能构成一个完整的网络。由于 Intranet 基于 Internet 构建,所以它的基本组成与 Internet 相似,可以说它是一个小型的 Internet。

### (三)Intranet 的软件配置

Intranet 的软件可分为服务器端软件和客户端软件。

客户端软件主要为浏览器,目前常用的浏览器软件有 Netscape Navigator、Microsoft Internet Explore(IE 浏览器将于 2022 年 6 月 15 日停用,取代 IE 浏览器的是 Microsoft Edge)等。

服务器端软件较为复杂,主要有网络操作系统、Web 服务器软件、数据库系统软件、安全防火墙软件和网络管理软件等。

**(四)构建 Intranet 的安全技术**

1. 防火墙技术

由于 Intranet 一般都与 Internet 相连,为确保企业信息和机密的安全,需要在 Intranet 与 Internet 之间设置防火墙。防火墙可看作是一个过滤器,用于监视和检查流动信息的合法性。

2. 数据加密技术

通过数据加密技术把数据变成不可读的格式,防止企业的数据信息在传输过程中被篡改、删除和替换。目前,数据加密技术大致可分为专用密钥加密(对称密钥加密)和公用密钥加密(不对称密钥加密)两大类。

## 三、Internet 的通行证——TCP/IP(传输控制协议/网际协议)

协议是对网络中的设备以哪种方式交换信息的一系列规定的组合。ISO(国际标准化组织)制定的一系列网络协议就是对这些不同网络层次的行为规范,其中规范 Internet 行为的协议就是 TCP/IP。

TCP/IP 作为 Internet 的协议集,已成为 Internet 的标准,应用最为广泛。TCP/IP 的层次模型有 4 层:应用层、传输层、网际层和网络接口层。从某种角度讲,OSI(开放式系统互联)参考模型是独立完成特定任务,而 TCP/IP 协议在完成自身任务时,则需要其下一层所提供的网络服务。

**(一)应用层**

TCP/IP 的应用层是最高层,它是所有用户所面向的应用程序的统称,也就是应用程序用来交换信息的一层,对应于 OSI 参考模型中的会话层、表示层和应用层。

TCP/IP 的应用层定义了大量的 TCP/IP,包括:FTP(文件传输协议)、Telnet(远程登录协议)、SMTP(简单邮件传输协议)、DNS(域名服务器)、HTTP(超文本传输协议)等。当然,呈现给用户的是软件构筑的图形化操作界面,而实际后台运行的是上述协议。

**(二)传输层**

TCP/IP 在这一层对应于 OSI 参考模型中的传输层。传输层的功能主要是提供应用程序间的通信,常称为端对端的通信。传输层提供了两个主要的协议:传输控制协议(TCP)和用户数据报协议(UDP)。

1. TCP

TCP 对应于 OSI 参考模型中的传输层,在 IP 协议的基础上提供一种端到端的面向连接的可靠数据流服务,TCP 连接的建立采用"三次握手"的机制。

2. UDP

UDP 是对 IP 协议组的扩充,它增加了一种可以让发送方区分一台计算机上的多个接收者的机制。UDP 是依靠 IP 协议来传送报文的,因而它的服务和 IP 一样是不可靠的。UDP 提供的是非连接的数据报服务,因此,UDP 无法保证任何数据报的传递和验证。UDP 和 TCP 传输数据的差异类似于电话和明信片之间的差异,参见表 1.1。

表 1.1 UDP 和 TCP 传输数据的比较

| UDP | TCP |
| --- | --- |
| 无连接的服务:在主机之间不建立会话 | 面向连接的服务:在主机之间建立会话 |
| UDP 不能确保或承认数据传递或序列化数据 | TCP 通过确认和按顺序传递数据来确保数据的传递 |
| 使用 UDP 的程序负责提供传输数据所需的可靠性 | 使用 TCP 的程序能确保可靠的数据传输 |
| UDP 快速,具有低开销要求,并支持点对点和一点对多点的通信 | TCP 比较慢,有更高的开销要求,而且只支持点对点通信 |
| UDP 和 TCP 都使用端口标识每个 TCP/IP 程序的通信 ||

### (三)网际层

网际层对应于 OSI 参考模型中的网络层,它定义了 IP 地址格式,使得不同应用类型的数据能在 Internet 上传输。网际层负责基本的数据包传输功能,让每一个数据包都能够到达目的主机。网际层的另一个重要服务是在互相独立的局域网上建立互联网络,即 IP 地址通过路由器传到另一网络。

这一层中包含 4 个重要的协议,分别是:IP(网际协议)、ICMP(互联网控制报文协议)、ARP(地址解析协议)、RARP(反向地址解析协议)。其中,IP 负责通过互联网传送数据报并向传输层提供服务;将数据封装为互联网数据报,并交给数据链路层协议通过局域网传送。ICMP 传送各种信息,包括与包交付有关的错误报告。ICMP 数据报通过 IP 传送,因此,它在功能上属于网络第三层。ICMP 用于在 IP 主机、路由器之间传递控制消息。

### (四)网络接口层

它对应于 OSI 参考模型中的数据链路层和物理层,负责接收 IP 数据包并且通过网络发送,或者从网络上接收物理帧,抽出 IP 数据包,再交给 IP 层。

## 四、服务端口与通信协议

### (一)IP 通信协议的作用

IP 协议是 TCP/IP 的核心,也是网络层中最重要的协议。IP 协议的基本功能是提供无连接的数据报传送服务和数据报路由选择服务,但不保证服务的可靠性。

概括地讲,IP 协议提供以下功能。

1. IP 地址寻址

IP 协议指出发送和接收 IP 数据报的源 IP 地址及目的 IP 地址。

2. IP 数据报的分段和重组

不同网络的数据链路层可传输的数据帧的最大长度(MTU)不一样,IP 协议要对数据报进行分段封装,使得很大的 IP 数据报能以较小的分组在网上传输。

3. IP 数据报的路由转发

根据 IP 数据报中接收方的目的 IP 地址,确定是本网传送还是跨网传送。若目的主机在本网中,可在本网中将数据报传给目的主机;若目的主机在别的网络中,则通过路由器将数据报转发到另一个网络或下一个路由器,直至转发到目的主机所在的网络。

### (二)TCP 通信协议的作用

TCP 负责对数据包查序并检查错误,同时实现虚电路间的连接。TCP 数据包中包含序列号和确认号,所以未按照顺序收到的包可以被排序,而损坏的包可以被重传。

### (三)UDP 通信协议的作用

UDP 主要用于面向"查询—应答"的服务,如:NFS。与 FTP 或 Telnet 相比,这些服务需要交换的信息量较小。使用 UDP 的服务还包括:NTP、SNMP、DNS 和 TFTP(通用文件传输协议)等。

### (四)TCP 与 UDP 的比较

TCP 提供 IP 环境下的数据可靠传输,提供的服务包括数据流传送、高可靠性、有效流控、多路复用、面向连接、端到端和可靠的数据包发送。而 UDP 则不为 IP 提供可靠性服务、流控或差错恢复功能。TCP 对应的是可靠性要求高的应用,而 UDP 对应的是可靠性要求低、传输经济的应用。

## 五、IP 地址与域名系统

### (一)IP 地址的定义

IP 层所用到的地址就称为 IP 地址,也叫网间网地址。IP 地址由网络号和主机号两部分组成。

### (二)IP 地址的分类

按网络规模大小,IP 地址可以分为 5 类。

A 类:首位为 0,网络地址 7 位,主机地址 24 位,地址范围 1.0.0.0～127.255.255.255。A 类地址结构适用于网络数少(最多 27 个),但有大量主机(大约 224 台)的大型网络。

B 类:首位为 10,网络地址 14 位,主机地址 16 位,地址范围 192.0.0.0～223.255.255.255。B 类地址结构适用于中型网络(如大型企业或政府机构)。

C 类:首位为 110,网络地址 21 位,主机地址 8 位,地址范围 1.0.0.0～127.255.255.255。C 类地址结构适用于网络数多、只有少量主机的小型网络(如一般校园网或中小型企业网)。

D 类:多播地址(Multicast Address)是比广播地址稍弱的多点传送地址,用于支持多目传输技术。

E 类:用于实验室和将来的扩展之用。

### (三)TCP/IP 规定的其他地址

1.广播地址

TCP/IP 规定,主机号全为 1 的网络地址用于广播之用,称为广播地址。所谓广播,指同时向网上所有主机发送报文。

**2. 有限广播地址**

TCP/IP 规定,32 位全为 1 的网络地址用于本网广播,这种地址就称为有限广播地址。

**3."本"网地址**

TCP/IP 规定,所有位均为 0 的网络号被解释成"本"网络。所以"本"网地址又称为 0 地址。

**4. 回送地址**

在 A 类地址中,127 是一个保留地址,主要用于网络软件测试以及本地机进程间通信,也称为回送地址。

**(四)子网掩码**

11111111 11111111 11111111 00000000 中,前三个字节全为 1,代表对应 IP 地址中最高的三个字节为网络地址;后一个字节全为 0,代表对应 IP 地址中最后的一个字节为主机地址。这种位模式称为子网掩码。为了使用方便,常使用点分整数表示法来表示一个 IP 地址和子网掩码。例如:B 类地址子网掩码(11111111 11111111 11111111 00000000)为 255.255.255.0。

**(五)域名——DNS 域名**

DNS 服务器执行相关解析操作,然后把解析后的 IP 地址返回给 Web 浏览器,Web 浏览器接收到该页注册的 IP 地址,就可以开始连接到该 Web。

**(六)DNS 的查询过程**

一个名字空间中的区域有两种类型:主要区域和次要区域。区域文件存储在 DNS 服务器上,区域里包含所有以根域名结尾的域名信息,如果一个 DNS 服务器有包含相应域名的区域,就进行解析。

查询 DNS 服务器的方法有两种:一种是递归查询,另一种是迭代查询。当 DNS 服务器处理递归查询时,DNS 服务器须与其他的 DNS 服务器通信,本地区域文件不能进行查询的解析,查询就会转到根 DNS 服务器。

## 六、网络地址转换(NAT)

**(一)NAT 的定义**

NAT(Network Address Translation)允许一个机构以一个地址的形式出现在 Internet 上。NAT 负责把局域网节点的地址转换成一个 IP 地址,反之亦然。

**(二)NAT 的基本原理**

NAT 的基本原理是:在内部网络中使用内部地址,通过 NAT 把内部地址翻译成合法的 IP 地址在 Internet 上使用,具体做法是把 IP 包内的地址用合法的 IP 地址来替换。

**(三)NAT 的分类**

NAT 现有三种类型:静态地址 NAT(Static NAT)、动态地址 NAT(Pooled NAT)、网络地址端口转换 NAPT(Network Address Port Translation)。其中 SNAT 设置起来

最为简单，也最容易实现。

### 七、新一代 IP——IPv6

#### (一) IPv6 概述

IETF 从 1995 年开始着手研发下一代的 IP 协议，即 IPv6。IPv6 的地址空间长达 128 位，可以彻底解决 IPv4 地址不足的问题。

此外，IPv6 还采用了分级地址模式、高效 IP 包头、认证和加密等多项新技术。

#### (二) IPv6 的地址配置

(1) 全状态自动配置。
(2) 无状态自动配置。

## 第二节　云平台

### 一、云平台基础介绍与服务

#### (一) 云平台基础介绍

云计算平台也称为云平台，是指基于硬件资源和软件资源的服务，提供计算、网络和存储能力。

云平台一般具有如下特征：硬件管理对使用者/购买者高度抽象，用户根本不知道数据是在位于哪里的哪几台机器处理的，也不知道是怎样处理的，当用户需要某种应用时，用户向"云"发出指示，很短时间内，结果就呈现在他的终端设备（智能手机、计算机）上。云计算分布式的资源向用户隐藏了实现细节，并最终以整体的形式呈现给用户。

云平台可以大致分为以下 3 类。
(1) 以数据存储为主的存储型云平台。
(2) 以数据处理为主的计算型云平台。
(3) 计算和数据存储处理兼顾的综合云平台。

#### (二) 云平台服务

云平台服务有 3 种：软件即服务、平台即服务、附加服务。

**1. 软件即服务**

软件即服务的应用完全运行在云中。软件即服务面向用户，提供稳定的在线应用软件。用户购买的是软件的使用权，而不是软件的所有权。用户只需使用网络接口便可访问应用软件。对于一般的用户来说，他们通常使用如同浏览器一样的简单客户端。供应商的服务器被虚拟分区以满足不同客户的应用需求。对客户来说，软件即服务的方式无须在服务器和软件上进行前期投入。对应用开发商来说，只需为大量客户维护唯一版本的应用程序。

2.平台即服务

平台即服务的含义是：一个云平台为应用的开发提供云端的服务，而不是建造自己的客户端基础设施。例如，一个新的软件即服务的开发者在云平台上进行研发，云平台的直接使用者是开发人员而不是普通用户，它为开发者提供了稳定的开发环境。

3.附加服务

每一个安装在本地的应用程序本身就可以给用户提供有用的功能，而一个应用有时候可以通过访问云中特殊的应用服务来加强功能。因为这些服务只对特定的应用起作用，所以它们可以被看成一种附加服务。微软的托管服务提供了一个企业级的例子，它通过增加一些其他以云为基础的功能(如垃圾信息过滤功能、档案功能等)来给本地所安装的交换服务提供附加服务。

(三)云平台服务的挑战

首先，如何在云服务中实现跨平台跨服务商的问题，也就是说服务商要在开发功能和兼容性上进行权衡。早期的云计算提供的 API 比传统的诸如数据库的服务系统的限制多得多。各个服务商之间的代码无法通用，这给跨平台的开发者带来很多的编程负担。

其次，如何来管理各个云服务平台，这对于服务商来说，也是一个挑战。

再次，云平台的安全和隐私保护也特别难以保障。云平台的安全不能再依靠计算机或网络的物理边界得到保障。过去的对于数据保护的很多加密和解密的算法代价都特别大，如何来对大规模的数据采用一些合适的安全策略是一个非常大的挑战。许多客户的服务宕机时间超过 6 小时。这种云服务的事故对于银行或者互联网公司的损失往往是巨大的。所以云服务商是否能提供长期稳定的服务也是企业选择云服务的主要顾虑之一。

最后，随着云计算越来越流行，预计会有新的应用场景出现，也会带来新的挑战。例如，人们需要从结构化、半结构化或非结构的异构数据中提取出有用信息。同时，这也表明"云"整合服务必然会出现。联合云架构不会降低只会增加问题的难度。综上所述，可以看出云计算和云平台服务本身在适当场景下的确有着巨大的优势，但同时面临着许多技术难题亟待解决。

## 二、云平台的安全性

云计算在带给用户便捷的同时，它的安全问题也成为业界关注的焦点。

云计算存在七大风险：特权用户的接入、可审查性、数据位置、数据隔离、数据恢复、调查支持、长期生存性。

(1)特权用户的接入。在公司以外的场所处理敏感信息可能会带来风险，因为这将绕过企业 IT 部门对这些信息进行的"物理、逻辑和人工的控制"。企业需要对处理这些信息的管理员进行充分了解，并要求服务提供商提供详尽的管理员信息。

(2)可审查性。用户对自己数据的完整性和安全性负有最终的责任。传统服务提供商需要通过外部审计和安全认证，但一些云计算提供商却拒绝接受这样的审查。

(3)数据位置。在使用云计算服务时，用户并不清楚自己的数据储存在哪里，用户甚至都不知道数据位于哪个国家。用户应当询问服务提供商数据是否存储在专门管辖的位置，以及他们是否遵循当地的隐私协议。

(4)数据隔离。在云计算的体系下,所有用户的数据都位于共享环境之中。加密能够起一定作用,但还是不够。用户应当了解云计算提供商是否将一些数据与另一些数据隔离开,以及加密服务是否是由专家设计并测试。如果加密系统出现问题,那么所有数据都将不能再使用。

(5)数据恢复。就算用户不知道数据存储的位置,云计算提供商也应当告诉用户在发生灾难时,用户数据和服务将会面临什么样的情况。任何没有经过备份的数据和应用程序在出现问题时,用户需要询问服务提供商是否有能力恢复数据,以及需要多长时间。

(6)调查支持。在云计算环境下,调查不恰当的或是非法的活动是难以实现的,因为来自多个用户的数据可能会存放在一起,并且有可能会在多台主机或数据中心之间转移。如果服务提供商没有这方面的措施,那么在有违法行为发生时,用户将难以调查。

(7)长期生存性。理想情况下,云计算提供商将不会破产或是被大公司收购。但是用户仍需要确认,在这类问题发生的情况下,自己的数据会不会受到影响,如何拿回自己的数据,以及拿回的数据是否能够被导入到替代的应用程序中。

## 第三节 数据库系统

数据库系统(Data Base System,DBS)是指在计算机系统中引入数据库后的系统,一般由数据库、数据库管理系统(及其开发工具)、应用系统、数据库用户构成。

### 一、数据库

数据库(Data Base,DB)是指长期存储在计算机内、有组织的、统一管理的相关数据的集合,它是计算机系统的工作对象。DB能为各种用户共享,具有较小的数据冗余度,数据间联系紧密而又有较高的数据独立性。

特别需要指出的是,数据库中的存储数据是集成的和共享的。集成是指把某个特定应用环境中的与各种应用相关的数据及数据之间的联系(联系也是一种数据)全部集中并按照一定的结构形式进行存储,或者说,把数据库看成若干个性质不同的数据文件的联合和统一的数据整体,并且在文件之间局部或全部消除了冗余,这使数据库系统具有整体数据结构化和数据冗余小的特点。

共享是指数据库中的一块块数据可为多个不同的用户所共享,即多个不同的用户使用多种不同的语言,为了不同的应用目的同时存取数据库,甚至同时存取同一块数据。共享实际上是基于数据库是集成的这一事实的结果。数据库具有永久储存、有组织和可共享3个特点。

### 二、数据库系统的产生与发展

1963年,Honeywell公司的IDS(Integrated Data Store)系统投入运行,揭开了数据库技术的序幕。

20世纪70年代数据库蓬勃发展,网状系统和层次系统占据了整个数据库商用市场,而关系系统仅处于试验阶段。

20世纪80年代,关系系统由于使用简便以及硬件性能的改善,逐步代替网状系统和层次系统占领了市场。

20世纪90年代,关系数据库已成为数据库技术的主流。

进入21世纪以后,无论是市场的需求还是技术条件的成熟,对象数据库技术、网络数据库技术的推广和普及已成定局。

**(一)数据**

数据是信息的载体。所谓的信息,就是指真实的可传播的消息。同时数据是数据库存储的基本对象,可以是数字(传统和狭义的数据理解),也可以是文字、声音、图片、图像等。

例:(张三,男,21,1991.10,辽宁,计算机系,2005)

(张三,男,21,178,65,A)

数据是数据库系统研究和处理的对象。数据与信息是分不开的,它们既有联系又有区别。

信息与数据之间存在着固有的联系:数据是信息的符号表示或称为载体;信息则是数据的内涵,是对数据语义的解释。

**(二)数据处理**

数据处理是指从某些已知的数据出发,推导加工出一些新的数据,这些新的数据又表示了新的信息。

数据处理是与数据管理相联系的,数据管理技术的优劣,将直接影响数据处理的效率。随着数据处理量的增长,产生了数据管理技术。数据管理技术的发展,与计算机硬件(主要是外部存储器)、系统软件及计算机应用的范围有着密切的联系。

**(三)数据管理技术**

数据管理是指对数据的分类、组织、编码、存储、查询和维护等活动,是数据处理的中心环节。

1.人工管理阶段

20世纪50年代中期以前,计算机主要用于科学计算,其他工作还没有展开。外部存储器只有磁带、卡片和纸带等,还没有磁盘等字节存储设备。软件只有汇编语言,尚无数据管理方面的软件。数据处理的方式基本上是批处理。

人工管理阶段的数据管理有以下特点。

(1)数据不保存在计算机内。

(2)没有专用的软件对数据进行管理。

(3)只有程序(Program)的概念,没有文件(File)的概念。数据的组织必须由程序员自行设计与安排。

(4)数据面向程序。即一组数据对应一个程序。

2.文件系统阶段

20世纪50年代后期至60年代中期,计算机不仅用于科学计算,还用于信息管理。随着数据量的增加,数据的存储、检索和维护成为迫切需要解决的问题,数据结构和数据管理技术迅速发展起来。此时,外部存储器已有磁盘、磁鼓等直接存取存储设备。软件领域出现了高级语言和操作系统。操作系统中的文件系统是专门管理外存的数据管理软件。数据处理的方式有批处理,也有联机实时处理。

文件系统阶段的数据管理有以下特点。

(1)数据以文件形式可长期保存在外部存储器的磁盘上。

(2)数据的逻辑结构与物理结构有所区别,但比较简单。

(3)文件组织已多样化,有索引文件、链接文件和直接存取文件等。

(4)数据不再属于某个特定的程序,可以重复使用,即数据面向应用。

(5)对数据的操作以记录为单位。

随着数据管理规模的扩大,数据量急剧增加,文件系统显露出3个缺陷:数据冗余(Redundancy)、数据不一致(Inconsistency)、数据联系弱(Poor Data Relationship)。

**(四)数据库阶段的数据管理**

数据库有关系型数据库和非关系型数据库两种。

1. 关系型数据库(Relational Database)

关系型数据库存储的格式可以直观地反映实体间的关系。关系型数据库和常见的表格比较相似,关系型数据库中表与表之间有很多复杂的关联。常见的关系型数据库有MySQL、SQLServer等。在轻量或者小型的应用中,使用不同的关系型数据库对系统的性能影响不大,但是在构建大型应用时,则需要根据应用的业务需求和性能需求,选择合适的关系型数据库。虽然关系型数据库有很多,但是大多数都遵循SQL(结构化查询语言,Structured Query Language)标准。常见的操作有查询、新增、更新、删除、求和、排序等。

2. 非关系型数据库(NoSQL)

非关系型数据库指的是分布式的、非关系型的、不保证遵循ACID原则的数据存储系统。随着近些年技术方向的不断拓展,大量的NoSQL数据库如MongoDB、Redis、Memcache出于简化数据库结构、避免冗余、影响性能的表连接、摒弃复杂分布式的目的被设计推出。

数据管理技术进入数据库阶段的标志是20世纪60年代末的3件大事。

(1)1968年IBM公司推出层次模型的IMS系统。

(2)1969年CODASYL组织发布了DBTG报告,总结了当时各式各样的数据库,提出网状模型。

(3)1970年IBM公司的E.F.Codd连续发表论文,提出关系模型,奠定了关系数据库的理论基础。

数据库阶段的数据管理具有以下特点。

(1)采用数据模型表示复杂的数据结构。

(2)有较高的数据独立性。

(3)数据库系统为用户提供了方便的用户接口。

(4)数据库系统提供以下4个方面的数据控制功能:①数据库的并发控制;②数据库的恢复;③数据的完整性;④数据的安全性。

(5)增加了系统的灵活性。

### 三、数据库管理系统

数据库管理系统用于数据库存取、维护和管理。数据库系统各类用户对数据库的各种操作请求都是由数据库管理系统(Data Base Management System,DBMS)来完成的,它是数据库系统的核心软件。

DBMS 是位于用户与操作系统之间的一层数据管理软件,它为用户或应用程序提供访问 DB 的方法,包括 DB 的建立、查询、更新及各种数据控制。

#### (一)DBMS 工作模式

(1)接受应用程序的数据请求和处理请求。
(2)将用户的数据请求(高级指令)转换成复杂的机器代码(底层指令)。
(3)实现对数据库的操作。
(4)从对数据库的操作中接受查询结果。
(5)对查询结果进行处理(格式转换)。
(6)将处理结果反馈给用户。

#### (二)DBMS 模块组成

(1)数据库的定义功能。DBMS 通过定义语言 DDL 来定义数据库的三级结构、两级映象,定义数据的完整性约束、保密限制等约束。

(2)数据库的操纵功能。DBMS 通过操纵语言 DML 实现对数据的基本操作,如数据查询和数据更新。

(3)数据库的保护功能。包括数据库恢复、数据库的并发控制、数据完整性控制、数据安全性控制。

(4)数据库的维护功能。包括数据库的数据载入、转换、转储,数据库的改组以及性能监控功能。

(5)数据字典(DD)。对数据库的操作都要通过 DD 才能实现,DD 还存放数据库运行时的统计信息。

#### (三)DBMS 查询处理器的主要成分

(1)DDL 编译器。编译或解释 DDL 语句,并把它登录在数据字典中。
(2)DML 编译器。对 DML 语句进行优化并转换成查询运行核心程序能执行的底层指令。
(3)嵌入式 DML 的预编译器。把嵌入在主语言中的 DML 语句处理成规范的过程调用形式。
(4)查询运行核心程序。执行由 DML 编译器产生的底层指令。

DBMS 由查询管理器和存储管理器组成。其中,存储管理器有 4 个主要成分:权限和完整性管理器、事务管理器、文件管理器及缓冲区管理器。DBMS 使多种程序并发地使用数据库,更有效、及时地处理数据,并提供安全性和完整性。

## 四、数据库用户

开发、管理和使用数据库系统的人员主要是：数据库管理员、系统分析员和数据库设计人员、应用程序员和最终用户。不同的人员涉及不同的数据抽象级别，具有不同的数据视图。

### （一）数据库管理员（Data Base Administrator，DBA）

在数据库环境下，有两类共享资源：一类是数据库，另一类是数据库管理系统软件。因此需要有专门的管理机构来监督和管理数据库系统。DBA 则是这个机构的成员，负责全面管理和控制数据库系统。其具体职责如下。

（1）决定数据库中的信息内容和结构。对于数据库中要存放哪些信息，DBA 要参与决策。因此 DBA 必须参加数据库设计的全过程，并与用户、应用程序员、系统分析员密切合作、共同协商。

（2）决定数据库的存储结构和存取策略。DBA 要综合各用户的应用要求，与数据库设计人员共同决定数据的存储结构和存取策略，以求获得较高的存取效率和存储空间利用率。

（3）定义数据的安全性要求和完整性约束条件。DBA 的重要职责是保证数据库的安全性和完整性。因此 DBA 负责确定各个用户对数据库的存取权限、数据的保密级别和完整性约束条件。

（4）监控数据库的使用和运行。DBA 还有一个重要职责就是监视数据库系统的运行情况，及时处理运行过程中出现的问题。比如系统发生各种故障时，数据库会因此遭到不同程度的破坏，DBA 必须在最短时间内将数据库恢复到正确状态，并尽可能不影响或少影响计算机系统其他部分的正常运行。为此，DBA 要定义和实施适当的后备及恢复策略，如周期性地转储数据、维护日志文件等。

（5）数据库的改进、重组或重构。DBA 还负责在系统运行期间监视系统的空间利用率、处理效率等性能指标，对运行情况进行记录、统计分析，依靠工作实践并根据实际应用环境，不断改进数据库设计。不少数据库产品都提供了对数据库运行状况进行监视和分析的工具，DBA 可以使用这些软件完成这项工作。

另外，在数据运行过程中，大量数据不断插入、删除、修改，时间一长，会影响系统的性能。因此，DBA 要定期对数据库进行重组织，以提高系统的性能。

当用户的需求增加和改变时，DBA 还要对数据库进行较大的改造，包括修改部分设计，即数据库的重构造。

### （二）系统分析员

系统分析员负责应用系统的需求分析和规范说明，要与用户及 DBA 相结合，确定系统的硬件和软件配置，并参与数据库系统的概要设计。

### （三）数据库设计人员

数据库设计人员负责数据库中数据的确定、数据库各级模式的设计。数据库设计人员必须参加用户需求调查和系统分析，然后进行数据库设计。在很多情况下，数据库设计人员就由数据库管理员担任。

**（四）应用程序员**

应用程序员负责设计和编写应用系统的程序模块，并进行调试和安装。

**（五）最终用户（End User）**

最终用户通过应用系统的用户接口使用数据库。常用的接口方式有浏览器、菜单驱动、表格操作、图形显示、报表书写等。

最终用户可以分为如下3类。

（1）偶然用户。这类用户不经常访问数据库，但每次访问数据库时往往需要不同的数据库信息，一般是企业或组织机构的中高级管理人员。

（2）简单用户。数据库的多数最终用户都是简单用户。其主要工作是查询和更新数据库，一般都是通过应用程序员精心设计并具有友好界面的应用程序存取数据库。

（3）复杂用户。复杂用户包括工程师、科学家、经济学家、科学技术工作者等具有较高科学技术背景的人员。这类用户一般都比较熟悉数据库管理系统的各种功能，能够直接使用数据库语言访问数据库，甚至能够基于数据库管理系统的 API 编制自己的应用程序。

## 第四节 计算机、互联网和信息化发展

### 一、计算机发展概述

**（一）计算机发展史**

1946 年 ENIAC 的诞生标志着第一台真正意义上的数字电子计算机的出现。

计算机到目前经历了 4 个时代。

第一代，1946～1957 年，电子管计算机：电子管；机器语言/汇编语言；科学计算。

第二代，1958～1964 年，晶体管计算机：晶体管；高级程序/设计语言；数据处理。

第三代，1965～1970 年，中小规模集成电路计算机：中小规模集成电路；高级程序/设计语言。

第四代，1971 年至今，超大规模集成电路计算机：超大规模集成电路；面向对象的高级语言；网络时代。

计算机的发展趋势如下。

（1）巨型化。发展高速度，大存储容量，强功能的超大型计算机。这主要是满足如军事、天文、气象、原子、航天、核反应、遗传工程、生物工程等学科研究的需要，同时也是计算机人工智能、知识工程研究的需要。

（2）微型化。计算机的微型化是以大规模集成电路为基础的。

（3）网络化。计算机网络是计算机技术和通信技术结合的产物。用通信线路及通信设备把计算机连接在一起形成一个复杂的系统就是计算机网络。这种方式扩大了计算机系统的规模，实现了计算机资源的共享，提高了计算机系统的协同工作能力，为电子数据

交换提供了条件。通过 Internet 我们可以利用网上丰富的信息资源,互传邮件。所谓的信息高速公路就是以计算机网络为基础设施的信息传播活动。现在,又提出了所谓的网络计算机的概念,即任何一台计算机,可以独立使用它,也可以随时进入网络,将其作为网络的一个节点加以使用。

(4)智能化。计算机的智能化是计算机技术发展的一个更高目标。智能化是指计算机具有模仿人类较高层次智能活动的能力。机器人技术、计算机对弈、专家系统等就是计算机智能化的具体应用。

**(二)计算机软件技术发展史**

第一代(20 世纪 50～60 年代)是以 Algol、Fortune 等编程语言为标志的算法技术。那时,程序设计是一种任人发挥创造才能的活动,写出的程序只要能在计算机上得出正确的结果,程序的写法可以不受约束。

第二代(20 世纪 70 年代)是以 Pascal、Cobol 等编程语言和关系管理系统为标志的结构化软件技术。这种技术以强调数据结构、程序模块化结构为特征,采用自顶向下逐步求精的设计方法和单入口单出口的控制结构,从而大大改善了程序的可读性。

第三代(20 世纪 80 年代)是以 Smalltalk、C++等为代表的面向对象技术(OO)。OO 技术开辟了通过有效的软件重用来达到提高软件生产率的新篇章。

第四代(20 世纪 90 年代)是以 CORBA 等为代表的分布式面向对象技术(DOO)。随着计算机网络技术的发展,异构环境下分布式软件的开发已成为一种主流需求,OO 技术对软件的重用,仅限于单台计算机上、同种操作系统与编程语言环境下。DOO 的核心是中间件技术,用于屏蔽不同操作系统、不同语言环境的差别。

第五代(20 世纪 90 年代中期至今)是以 COM、EJB 和 Web Server 等为代表的软件模块化技术。软件模块化技术的突破,在于实现对软件可执行二进制码的重用。这样,一个软件可被切分成一些模块,这些模块可以单独开发、单独编译,甚至单独调试。当所有的模块开发完成后,把它们组合在一起就得到完整的应用系统。

**(三)计算机语言发展史**

计算机语言(Computer Language)指用于人与计算机之间通信的语言。计算机语言是人与计算机之间传递信息的媒介。

计算机程序设计语言的发展,经历了从机器语言、汇编语言到高级语言的历程。

计算机语言主要分为 3 类:低级语言、高级语言、专用语言。

1. 低级语言

(1)机器语言:能够被计算机识别的由 0 和 1 组成的字符串就是机器语言,机器语言是第一代计算机语言。

(2)汇编语言:即第二代计算机语言,是用符号代替机器语言的二进制码。汇编语言源程序必须经过汇编,生成目标文件,然后执行。

2. 高级语言

结构化程序设计和面向对象的程序设计。高级语言的下一个发展目标是面向应用,也就是说,只需要告诉程序你要干什么,程序就能自动生成算法,自动进行处理。如

BASIC(True BASIC、QBASIC、Virtual BASIC)、C、Pascal、Fortran、智能化语言(LISP、Prolog)等。

高级语言源程序可以用解释、编译两种方式执行。

3. 专用语言

如 CAD 系统中的绘图语言和 DBMS 的数据库查询语言。

## 二、互联网发展概述

### (一)世界互联网发展史

1961年,美国麻省理工学院的伦纳德·克兰罗克(Leonard Kleinrock)博士发表了分组交换技术的论文,该技术演变为互联网的标准通信方式。1969年,美国国防部开始起动具有抗核打击性的计算机网络开发计划 ARPAnet,通信协议为 NCP(网络控制协议)。1971年,ARPAnet 的技术开始向大学等研究机构普及。1983年,ARPAnet 宣布旧通信协议 NCP(网络控制协议)向 TCP/IP 过渡。

正是因为通过采用具有扩展性的通信协议 TCP/IP,才能够将不同网络相互连接。因此,开发 TCP/IP 协议的 UCLA(加州大学洛杉矶分校)的文顿·瑟夫(Vinton G. Cerf)等被誉为"互联网之父"。1988年,美国伊利诺伊大学的史蒂夫·多那(Steve Dorner)开始开发电子邮件软件 Eudora。1991年,CERN(欧洲粒子物理研究所)的提姆·伯纳斯李(Tim Berners-Lee)开发出了万维网(World Wide Web)以及浏览软件,互联网开始向社会大众普及。1993年,伊利诺伊大学美国国家超级计算机应用中心的马克·安德里森(Mark Andreesen)等人开发出了真正的浏览器 Mosaic。该软件后来被作为 Netscape Navigator 推向市场,此后互联网开始得以广泛普及。

### (二)中国互联网发展史

1. 第一阶段:网络探索

1987年9月20日,北京计算机应用技术研究所钱天白教授发出了中国第一封电子邮件"越过长城,走向世界",揭开了中国人使用互联网的序幕。该邮件经意大利到达德国的卡尔斯鲁厄理工学院,成为我国 Internet 的开山之笔。

1988年,中国科学院高能物理研究所采用 X.25 协议使该单位的 DECnet 成为西欧中心 DECnet 的延伸,实现了计算机国际远程联网以及与欧洲和北美地区的电子邮件通信。

1989年11月,中关村地区教育与科研示范网络(NCFC)正式启动,由中国科学院主持,联合北京大学、清华大学共同实施。中国政府通过多渠道、多种方式申请加入国际互联网。1991年10月,在中美高能物理年会上,美方发言人怀特·托基提出中国纳入互联网络合作计划。1992年6月,在日本 INET'92 年会上,中国科学院(简称中科院)钱华林约见美国国家科学基金会国际联网部负责人,第一次正式讨论中国连入 Internet 问题。

1993年6月,NCFC 专家们在 INET'93 会议和 CCIRN 会议上利用各种机会重申中国连入 Internet 的要求。1994年4月,中美科技合作联委会在美国华盛顿举行。会前,时任中科院副院长胡启恒代表中方向美国国家科学基金会(NSF)重申连入 Internet 的要求,得到认可,中国获准加入互联网。1994年4月20日,NCFC工程连入Internet的64K国际专线开通,实现了与Internet的全功能连接。从此中国被国际上正式承认为真正拥有全功能Internet的第77个国家。1994年5月,完成全部中国联网工作。

在成功用电邮向世界问好后,中国科学家开始考虑如何以中国的姿态出现在互联网中。中德往来的邮件显示,1990年10月10日,王运丰与措恩在卡尔斯鲁厄理工学院商讨了这一事宜,中方根据英文单词China由王运丰定下"CN"两个字母作为域名。".CN"域名注册完成后,由于中国尚未接入国际互联网,因此,".CN"的域名服务器一直暂由卡尔斯鲁厄理工学院代为运行。国家域名相当于互联网上的国家标识,中方科研人员一直希望域名服务器能早日"回家"。1994年,中科院高能所与美国有关方面正式建立TCP/IP连接。使用这一互联网环境下的最基本的传输协议,意味着"中国全功能接入互联网"。钱天白等人与措恩一道,向国际互联网络信息中心提出申请。1994年5月21日,".CN"域名服务器最终"回家"了。中科院计算机网络信息中心完成了服务器设置,并负责服务器的管理维护工作。

2. 第二阶段:蓄势待发

四大Internet主干网的相继建设,开启了铺设中国信息高速公路的历程。

(1)中国科技网(CSTnet)。

(2)中国金桥信息网(CHINAGBnet)也称为中国国家公用经济信息通信网,主要提供专线集团接入和个人上网服务。

(3)中国公用计算机互联网(CHINAnet)。

(4)中国教育和科研计算机网(CERnet)。

1997年10月,实现了四大主干网的互联互通。

3. 第三阶段:应运而生

这一时期,中国互联网进入一个空前活跃期,应用发展迅猛。

1994年5月,国家智能计算机研究开发中心开通曙光BBS站,这是中国第一个BBS站。1995年1月,由原国家教委主管主办的《神州学人》杂志,经CERnet进入Internet,成为中国第一份中文电子杂志。1996年9月22日,中国第一个城域网——上海热线正式开通试运行,标志着作为上海信息港主体工程的上海公共信息网正式建成。1996年11月15日,实华开公司在北京首都体育馆旁边开设了实华开网络咖啡屋,这是中国第一家网络咖啡屋。1997年1月1日,人民日报主办的人民网进入国际互联网络,这是中国开通的第一家中央重点新闻宣传网站。

1997年2月,瀛海威全国大网开通,成为中国最早也是最大的民营ISP、ICP。1997年11月,中国互联网络信息中心(CNNIC)发布了第一次《中国互联网络发展状况统计报告》。

1998年3月16日,163.net开通了容量为30万用户的中国第一个免费中文电子邮件系统。1999年7月12日,中华网在纳斯达克首发上市,这是在美国纳斯达克第一个上市的中国概念网络公司股。

4. 第四阶段:网络大潮

这一时期,中国互联网进入普及和快速增长期。

(1)网上教育(1999年开始网上高考招生)。
(2)网上银行(1999年招商银行最早推出"一网通"网上银行)。
(3)网络游戏(2001年盛大的《传奇》)。
(4)即时通信(腾讯)。

2000年4月13日,新浪网宣布首次公开发行股票,第一只真正来自中国的网络股登上了纳斯达克。2000年7月5日,网易宣布发行股票,登录纳斯达克。2000年7月12日,搜狐在纳斯达克挂牌上市。三大门户网站的相继上市,掀起了中国互联网的第一轮投资热潮。

5. 第五阶段:繁荣与未来(2003年至今)

应用多元化到来,逐步走向繁荣。

## 三、信息化发展概述

### (一)信息化的概念

信息化是指培养、发展以计算机为主的智能化工具为代表的新生产力,并使之造福于社会的历史过程。与智能化工具相适应的生产力,称为信息化生产力。

信息化以现代通信、网络、数据库技术为基础,将所研究对象各要素汇总至数据库,与特定人群生活、工作、学习、辅助决策等与人类息息相关的各种行为相结合的一种技术,使用该技术,可以极大地提高各种行为的效率,并且降低成本,为推动人类社会进步提供极大的技术支持。

随着经济的高速发展,我国信息化有了显著的发展和进步,已走过两个阶段正向第三阶段迈进。第三阶段定位为新兴社会生产力,主要以物联网和云计算为代表,这两项技术掀起了计算机、通信、信息内容的监测与控制的4C革命,网络功能开始为社会各行业和社会生活提供全面应用。

信息化的七大平台包括:知识管理平台、日常办公平台、信息集成平台、信息发布平台、协同工作平台、公文流转平台、企业通信平台。

1. 知识管理平台

建立学习型企业,可以更好地提高员工的学习能力,系统性地利用企业积累的信息资源、专家技能,改进企业的创新能力、快速响应能力,提高生产效率和员工的技能素质。

2. 日常办公平台

将自己的日常安排、任务变更等集成在一个平台下,改变了传统的集中一室的办公方式,扩大了办公区域。通过网络的连接,用户可在家中、城市各地甚至世界各个角落随时办公。

3. 信息集成平台

对于一些使用ERP系统的企业,已存在的生产、销售、财务等一些企业经营管理业务数据,对企业的经营运作起着关键性作用,但它们都是相对独立、静态的。

4. 信息发布平台

建立信息发布平台的标准流程,规范化运作,可以为企业的信息发布、交流提供一个有效场所,使企业的规章制度、新闻简报、技术交流、公告事项等都能及时传播,而企业员工也能借此及时获知企业的发展动态。

5.协同工作平台

将企业各类业务集成到OA办公系统当中,制定标准,将企业的传统垂直化领导模式转化为基于项目或任务的"扁平式管理"模式,使普通员工与管理层之间的距离在物理空间上缩小的同时,心理距离也逐渐缩小,从而提高企业团队化协作能力,最大限度地释放人的创造力。

6.公文流转平台

企业往往难以解决公文流转中的问题,总觉得文件应该留下痕迹,但是在信息化的今天,改变企业传统纸质公文办公模式,企业内外部的收发文、呈批件、文件管理、档案管理、报表传递、会议通知等均可采用电子起草、传阅、审批、会签、签发、归档等电子化流转方式,同样可以留下痕迹,真正实现无纸化办公。

7.企业通信平台

企业通信平台也就是企业范围内的电子邮件系统,使企业内部通信与信息交流快捷流畅,同时便于信息的管理。

(二)信息化的作用

信息化对经济发展的作用是信息经济学研究的一个重要课题。很多学者都对此进行了尝试。比较有代表性的有两种论述:一种是将信息化的作用概括为支柱作用与改造作用;另一种是将信息化的作用概括为先导作用、软化作用、替代作用、增值作用与优化作用。这些观点对我们充分认识信息化的经济功能(或作用)具有一定的参考价值。信息化对促进中国经济发展具有不可替代的作用,这种作用主要通过信息产业的经济作用予以体现。

1.信息产业的支柱作用

信息产业是国民经济的支柱产业。其支柱作用体现在以下两个方面。

(1)信息产业是国民经济新的增长点。信息产业增加值在国内生产总值(GDP)中的比重不断攀升,对国民经济的直接贡献率不断提高,间接贡献率稳步提高。

(2)信息产业将发展成为最大的产业。中国电子信息产品出口在国家外贸出口中的支柱地位将得到进一步巩固和提高。信息产业在国民经济各产业中位居前列,将发展成为最大的产业。

2.信息产业的基础作用

信息产业是关系国家经济命脉和国家安全的基础性和战略性产业。这一作用体现在以下两个方面。

(1)通信网络是国民经济的基础设施,网络与信息安全是国家安全的重要内容;强大的电子信息产品制造业和软件业是确保网络与信息安全的根本保障。

(2)信息技术和装备是国防现代化建设的重要保障;信息产业已经成为各国争夺科技、经济、军事主导权和制高点的战略性产业。

3.信息产业的先导作用

信息产业是国家经济的先导产业。这一作用体现在以下4个方面。

(1)信息产业的发展已经成为世界各国经济发展的主要动力和社会再生产的基础。

(2)信息产业作为高新技术产业群的主要组成部分,是带动其他高新技术产业腾飞的龙头产业。

(3)信息产业的不断拓展,信息技术向国民经济各领域的不断渗透,将创造出新的产业门类。

(4)信息技术的广泛应用,将缩短技术创新的周期,极大地提高国家的知识创新能力。

4.信息产业的核心作用

信息产业是推进国家信息化、促进国民经济增长方式转变的核心产业。这一作用体现在以下3个方面。

(1)通信网络和信息技术装备是国家信息化的物质基础和主要动力。

(2)信息技术的普及和信息产品的广泛应用,将推动社会生产、生活方式的转型。

(3)信息产业的发展大量降低物资消耗和交易成本,对实现中国经济增长方式向节约资源、保护环境、促进可持续发展的内涵集约型方式转变具有重要推动作用。

(三)信息化的趋势

随着信息化建设的发展,OA选型问题讨论从未停止过,而且有愈演愈烈的趋势。信息化有以下特性。

1.易用性

易用性对软件推广来说最重要,是能否帮助客户成功应用的首要因素,故在产品的开发设计上尤要重点考虑。一套软件功能再强大,如果不易用,用户也会产生抵触情绪,很难向下推广。

2.健壮性

健壮性表现为软件能支撑大并发用户数,支持大的数据量,使用多年以后速度、性能不会受到影响。

3.平台化、灵活性、拓展性

通过自定义平台,可以实现在不修改一行源代码的前提下,通过应用人员就可以搭建功能模块及小型业务系统,从而实现系统的自我成长。同时通过门户自定义、知识平台自定义、工作流程自定义、数据库自定义、模块自定义,以及大量的设置和开关,让各级系统维护人员对系统的控制力大大加强。

4.安全性

系统能够支持WINDOWS、LINUX、UNIX等各种操作系统,对安全性要求高的用户通常将系统部署在LINUX平台,同时,公文、普通文件等在传输和存储上都是绝对加密的,系统本身有严格的思维管理权限、IP地址登录范围限制、关键操作的日志记录、电子签章和流程的绑定等多种方式来保证系统的安全性。

5.门户化、整合性

协同办公系统只是起点,后续必然会逐步增加更多的系统建设,如何将各个孤立的系统协同起来,以综合性的管理平台将数据统一展示给用户,选择具有拓展性的协同办公系统就成为向后一体信息化建设的关键。

(1)技术上:产品底层设计选择了整合性强的技术架构,系统内预留了大量接口,为整合其他系统提供了技术保障。

(2)经验上:成功实施了大量系统整合案例,丰富的系统整合经验确保系统整合达到客户预期的效果。

6.移动性

信息化平台嵌入手机,使用户通过手机也可以方便使用信息化服务。

# 第二章 区块链基础知识

## 第一节 区块链的起源及发展

### 一、区块链的起源

#### (一)区块链的发明者

2008年10月31日,中本聪(Satoshi Nakamoto)发布了比特币白皮书——《比特币:一种点对点的电子现金系统》(Bitcoin：A Peer-to-Peer Electronic Cash System),阐述了一个基于P2P网络技术、加密技术、时间戳技术等的系统的电子现金架构理念。2009年1月3日,第一个序号为0的比特币区块链诞生。2009年1月9日出现序号为1的区块,与序号为0的区块相连接形成链,标志着区块链的诞生。

#### (二)区块链的交易流程

区块链是一个完全分布式的点对点账本系统,其利用一种特殊算法,实现对区块内信息生成顺序的协议,并使用加密技术对区块链数据进行连接,从而确保了系统的完备性。区块链的交易流程如图2.1所示。

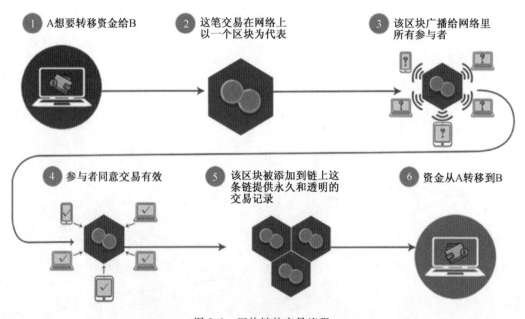

图2.1 区块链的交易流程

## 二、我国区块链的发展现状

### (一)国家对于区块链发展的重视

**1. 国家发展和改革委员会把区块链纳入"新基建"的范畴**

2020年4月20日,国家发展和改革委员会召开新闻发布会,把区块链纳入了"新基建"的范畴。

**2. 区块链新职业标准发布**

为了服务国内区块链产业发展,人力资源和社会保障部联合工业和信息化部推出了与区块链相关的两个新职业:区块链工程技术人员和区块链应用操作员,并明确了这两个新职业的职业标准和培训大纲。

### (二)我国区块链发展的潜力

自2018年起,我国区块链的发展进入了一个快速成长阶段,无论是在区块链领域的总投入产值,还是区块链企业的新增数量和总体企业数都达到了新的峰值。

2018—2023年我国区块链支出规模和增长情况及预测如图2.2所示。

图2.2　2018—2023年我国区块链支出规模和增长情况及预测
(数据来源:互联网数据中心《全球半年度区块链支出指南》)

2010—2020年我国区块链相关企业数如图2.3所示。

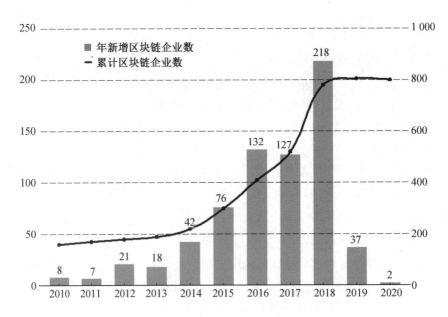

图 2.3 2010—2020 年我国区块链相关企业数

(数据来源:中国通信院 2020 年 11 月)

我国区块链企业的地域呈现如图 2.4 所示。

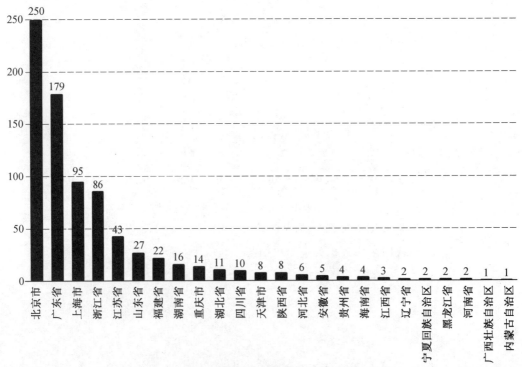

图 2.4 我国区块链企业的地域呈现

(数据来源:中国通信院 2020 年 11 月)

## 第二节 区块链的应用

目前,我国已经形成基础设施、平台服务和行业应用三大板块的产业生态雏形。我国区块链产业生态示意图如图 2.5 所示。

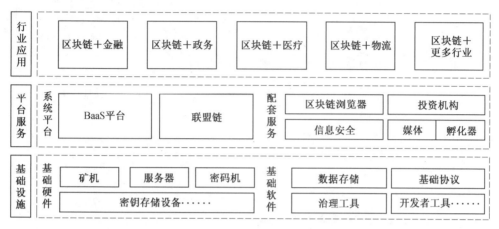

图 2.5 我国区块链产业生态示意图

## 一、区块链的应用场景(图 2.6)

### (一)区块链应用场景一:金融(图 2.7)

区块链最早就是在金融行业应用的,技术与场景的结合最成熟也最普遍。目前,金融

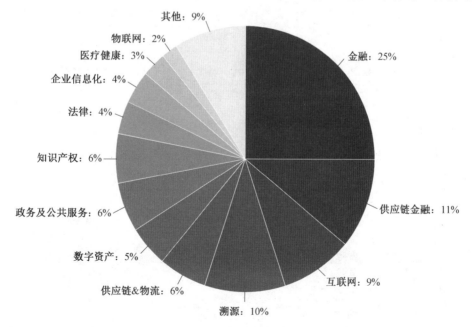

图 2.6 区块链应用场景

行业常见的区块链应用场景有：供应链金融、数字资产（股权、证券、票据等）、数字货币（Libra 和 DECP）和数字金融。

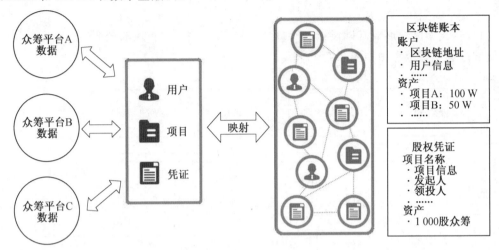

图 2.7　区块链应用场景：金融

案例：基于区块链的股权交易平台

传统股权交易过程涉及众多机构，交易过程需要经过层层中介传递信息，效率低下易出错，风险高。基于区块链技术的股权交易平台，将大幅度改善现有股权交易市场效率，数字股权的唯一性可使数字股权资产与交易报酬的转移瞬间完成。

（二）区块链应用场景二：政务（图 2.8）

政务场景是目前区块链技术应用最广泛的场景之一，市场规模仅次于供应链金融。

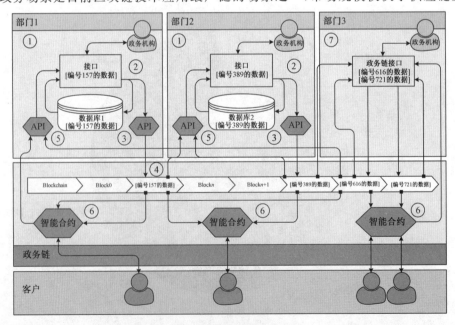

图 2.8　区块链应用场景：政务

目前政务治理中区块链常见的应用场景有:区块链+数据共享、区块链+档案管理、区块链+专项资金追溯、区块链+行政审批、区块链+电子发票等。

案例:某省市区块链政务服务大厅系统

打造"一链多库多系统"便企惠民,通过区块链联通政府各部门之间的数据,并同时保证敏感数据的隐私化访问,提高行政审批办事服务效率。

**(三)区块链应用场景三:文娱(图 2.9)**

文娱产业中区块链常见的应用场景有:区块链+游戏、区块链+版权保护、区块链+内容产品等。

案例:摄影作品的版权保护

将摄影作品上链存证后由公证机构出具存证证书,经过司法核验后可与传统版权证书一样作为版权权属证据被采信,区块链版权登记信息随时同步传送至公证处,在侵权诉讼时,可以轻松解决维权取证的难题。

| | 确权存证 | 传播监测 | 侵权取证 | 司法维权 | 智能交易 |
|---|---|---|---|---|---|
| 传统版权保护 | 方式:线下登记<br>时效:7~30天<br>费用:200元/件 | 方式:项目制<br>时效:依赖人工<br>费用:数万至数十万元/件 | 方式:公证处<br>时效:2~3天<br>费用:800~3 000元/件 | 方式:律所-法院<br>时效:3~8个月<br>费用:数万元/件 | 方式:线下撮合<br>时效:无法保证<br>费用:无价格体系 |
| | vs | vs | vs | vs | vs |
| 区块链版权保护 | 方式:发布式存证<br>时效:1分钟<br>费用:1~10元/件 | 方式:SaaS服务<br>时效:即发即得<br>费用:数元至数十元/件 | 方式:线上取证<br>时效:1~30分钟<br>费用:5~300元/件 | 方式:线上办理<br>时效:20天以内<br>费用:数百元/件 | 方式:在线交易<br>时效:实时完成<br>费用:很低的服务费 |

图 2.9 区块链应用场景:文娱

**(四)区块链应用场景四:供应链管理(图 2.10)**

供应链管理中常见的区块链应用场景有:供应商征信管理、商品溯源管理、物流追踪等。

案例:某建设公司供应商管理系统

以财务贴票为存证载体,利用区块链技术的可追溯、不可篡改特性,实现电子凭证在上下游间的多层信用安全穿透,实现信息与流程的全线上化,提升操作效率,降低线下欺诈风险。

**(五)区块链应用场景五:教育(图 2.11)**

教育产业中区块链应用前景非常可观,目前常见的应用场景有:学历认证、学习可信轨迹、产学结合、学术版权保护等。

案例:某高校的学生信息管理平台(教链)

整合教育资源上链分享,学生可以通过更少的成本享受到更好的教育;学生信息上链,培训和效果记录不可篡改,建立公正客观的学生信息体系;为用户创建唯一区块链职业认证 ID,精准记录用户在职业培训全过程中的课程课时、认证经历及证书数据。

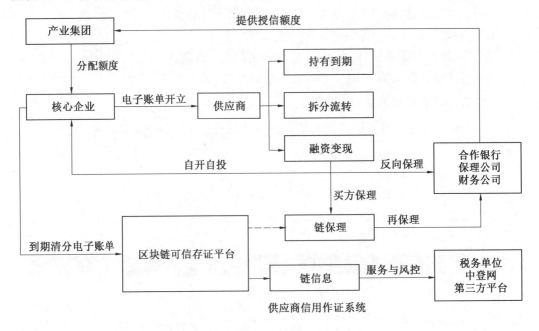

图 2.10 区块链应用场景:供应链管理

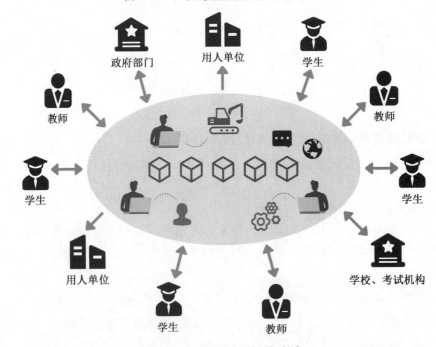

图 2.11 区块链应用场景:教育

**(六)区块链应用场景六:医疗(图 2.12)**

医疗行业本身就是传统信息化水平比较高的产业,区块链应用市场空间广阔。目前区块链在医疗产业中常见的应用场景有:区块链+医疗数据管理、区块链+药品溯源、区块链＋医疗保险、区块链＋电子病例可信共享、区块链＋医保基金监管等。

案例:某大型医院智慧医疗存证系统

对于传统的个人看病的信息,医院、药房、药厂、监管机构、医保都是分开记录的,一旦出现了泄露或出错,难以追溯问题根源。

某医院的智慧医疗——可信存证支撑系统中将各方的数据全部纳入区块链中,保证了数据来源的真实安全,再通过商企实现实时可查可监督,链上的各个节点共享数据,多方存证,实现信息可追溯,保证了信息的安全。

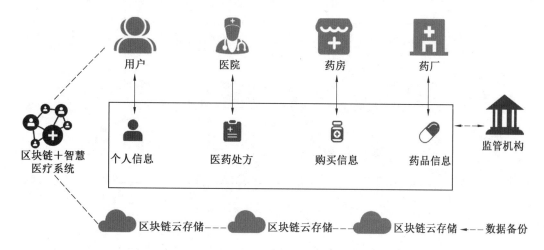

图 2.12　区块链应用场景:医疗

**(七)区块链应用场景七:农业(图 2.13)**

农业中区块链常见应用场景有:农产品溯源、三农金融、土地产权流转等。

案例:某品牌红橙区块链溯源项目

通过防伪标签和区块链等技术,区块链溯源平台将为生产线上的每个商品赋码并建立唯一链上 ID,完成各个节点企业产品标识信息和其他业务流程数据采集,建立内部的信息存证系统,便于可信追踪原产地和流通链条。

**(八)区块链应用场景八:公益慈善(图 2.14)**

公益慈善场景中,区块链在公正公开透明等特性上,可以发挥重要作用。目前的主要应用场景有:公益物品流转管理、公益专项资金追溯及监管等。

案例:基于区块链技术的公益服务平台

公益慈善进入区块链公益 4.0 时代,实现从捐款、拨付、发放各环节的信息上链,从而使捐赠者和监管机构可以针对每一笔款项和物资的接受使用情况加以了解。

## 三、区块链应用的发展趋势

关于区块链应用的发展趋势,有两个问题需要阐述:一是区块链技术的定性;二是区块链发展的多维趋势。

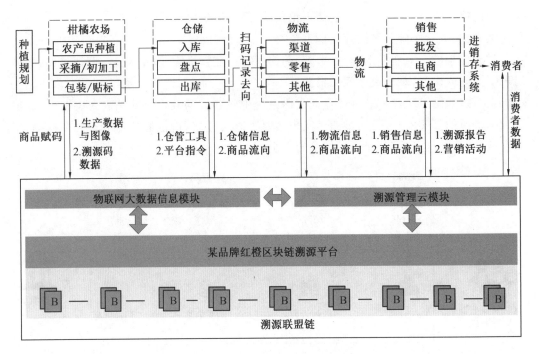

图 2.13 区块链应用场景:农业

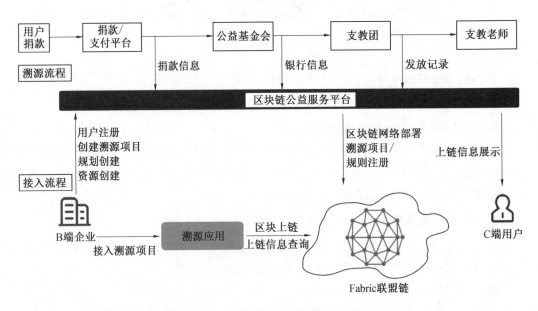

图 2.14 区块链应用场景:公益慈善

(一)区块链技术的定性

首先,区块链是一种融合技术。区块链的加密技术、存储技术、合约技术等都不能算是新的技术,但是区块链巧妙地把这些技术融合在了一起,并创造了新的价值,所以区块链技术更多的是一种融合技术。

其次,区块链是一种底层技术。相比于人工智能、物联网、大数据等应用性技术,区块链是一种更偏底层的技术,它应该是跟5G技术一样,在底层技术的范畴内。只有与应用场景更好地结合起来,才能真正创造出价值,从而提高生产力。

**(二)区块链发展的多维趋势**

目前,区块链的发展呈现多维态势,至少有以下趋势。

(1)产业区块链成为区块链发展的主战场,联盟链、私有链成为主流方向。

(2)区块链推动政府管理变革。

(3)传统大型企业引入区块链。

(4)区块链与云计算的结合越来越紧密。

(5)跨国区块链行业联盟组建推动垂直领域的区块链应用。

(6)区块链与多方计算、安全计算、联邦学习结合解决数据的隐私保护与共享问题。

(7)分布式商业将继续实验,探索可扩展的商业模式。

## 第三节　密码学技术与应用

随着电子商务的不断发展,信息安全越来越受到重视。密码是有效而且可行的保护信息安全的办法,有效是因为密码能够做到信息的保密,从而使信息不被轻易窃取和篡改甚至破坏;可行是说密码学技术的实现所需要的代价是能够接受的。

目前日益激增的电子商务和其他因特网应用需求使密码学技术得到了广泛普及,这些需求主要包括对服务器资源的访问控制和对电子商务交易的保护,以及权利保护、个人隐私、无线交易和内容完整性等,其中内容完整性是指公布的信息是否真实,比如保证新闻报道的真实性,保证股票行情的真实性。密码学技术可以满足这些网络需求。同时密码技术的发展与应用,对解决电子商务的安全难题,保障私密数据信息的安全,起着不可忽视的作用。

### 一、密码学的发展

密码技术是信息安全的基础。在1970年之前,密码学的应用范畴大部分还是在政府层面,直到标准加密系统——数据加密标准和非对称加密算法的发明,密码学才逐步被深入应用到各个领域。

20世纪70年代,密码学的理论基础之一是1949年Shannon的《保密通信的信息理论》,这篇文章直到20世纪80年代才被人们重视。1976年Diffie和Hellman联合发表《密码学的新方向》,提出了适应网络上保密通信的公钥密码思想,该论文获得IEEE信息论学会最佳论文奖,并掀开了公钥密码研究的序幕。1977年美国国家标准局正式公布实施美国的数据加密标准(DES),公开了它的加密算法,批准用于非机密单位及商业上的保密通信。受前两者的思想启迪,各种公钥密码体制被提出,尤其是RSA公钥密码的提出在密码学史上是一个里程碑。

密码学的发展大致可以分为三个阶段:古典密码学、现代密码学、公钥密码学。

**(一)古典密码学**

这一阶段的核心密码学思想主要为代替和置换。代替就是将明文每个字符替换成另外一种字符产生密文,接收者根据对应的字符替换密文就得到明文。置换就是将明文的字符顺序按照某种规则打乱。

**(二)现代密码学**

这一阶段的发展主要是对称加密算法。对称加密是发送方使用某种公开的算法使用密钥对明文进行加密,接收方使用之前发送方给予的密钥对密文进行解密得到明文(图2.15)。

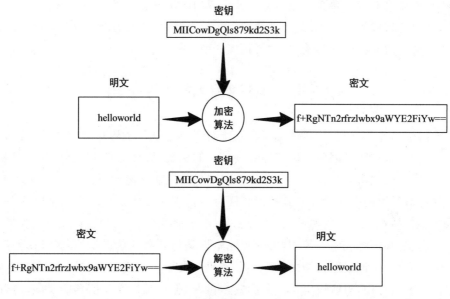

图2.15 对称加密解密示意图

**(三)公钥密码学**

这一阶段的发展主要是非对称加密算法。非对称加密的原理是公钥加密,私钥解密。它的实现过程是A通过某种算法产生一对密钥,分别是公钥和私钥,然后将公钥公开。B想发送信息给A,就使用A的公钥对明文进行加密产生密文并发送给A。A接收到密文后,用自己的私钥对密文进行解密,得到明文(图2.16)。

**二、密码技术**

密码技术包括分组密码、公钥密码、单向散列函数、密码协议、密钥管理、认证技术、认证系统等。

**(一)分组密码(对称密码)**

分组密码也被称为对称密码,是对固定长度的一组明文进行加密的加密算法,它使用

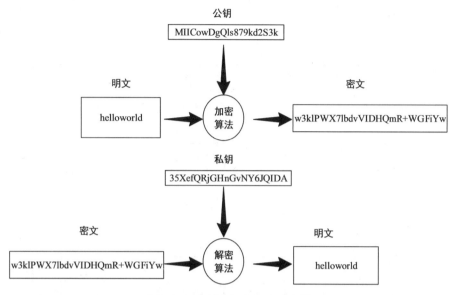

图 2.16 非对称加密解密示意图

单一密码来加密和解密数据,典型的分组密码算法有 DES、AES、IDEA 和 RC 等。对于具有 n 个用户的网络,需要 $n(n-1)/2$ 个密钥,在用户群不是很大的情况下,对称加密系统是有效的。但是对于大型网络,当用户群很大、分布很广时,密钥的分配和保存就成了问题。对机密信息进行加密和验证随报文一起发送报文摘要(或散列值)来实现。比较典型的算法有 DES(Data Encryption Standard,数据加密标准)算法及其变形 TripleDES(三重 DES)、GDES(广义 DES)、IDEA、FEALN 及 RC5 等。

DES 已经可以在现实中被暴力破解,现在使用最广泛的对称加密算法是 AES。密码算法可以分为分组密码和流密码两种。AES 和 DES 都属于分组密码。分组密码有很多模式,如果模式选择不恰当,就无法充分保证机密性。

AES 作为一种分组密码,即将明文消息拆分为一定长度的 N 个分组,然后对每个分组进行加密。AES 的分组长度固定为 128 比特,而密钥可以是 128/192/256 比特。既然是固定长度的分组,那我们要加密任意长度的明文,就涉及如何将多个分组进行迭代加密的问题,因此,就有了分组模式。常用的分组模式有:ECB、CBC、CFB、OFB、CTR 等。最常用的是 ECB 模式和 CBC 模式。

1. ECB 模式

ECB(Electronic Code Book,电子密码本)模式是最简单的一种模式,它直接将明文分割成多个分组并逐个加密(图 2.17)。

这种模式的优点就是简单、快速,加密和解密都支持并行计算(图 2.18)。而其缺点也比较明显,因为每个明文分组都各自独立地进行加密和解密,如果明文中存在多个相同的明文分组,则这些分组最终会被转换为相同的密文分组。这样一来,只要观察一下密文,就可以知道明文中存在怎样的重复组合,并以此为线索来破译密码。另外,攻击者通过改变密文分组的顺序,或删除密文分组,或替换掉密文分组,就可以达到对明文操纵的目的,而无须破译密码。

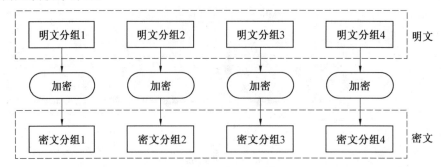

图2.17 ECB模式的加密

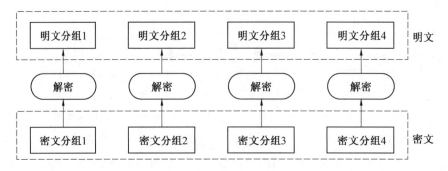

图2.18 ECB模式的解密

**2. CBC模式**

CBC(Cipher Block Chaining,密文分组链接)模式是将前一个密文分组与当前明文分组的内容混合起来进行加密(图2.19)。

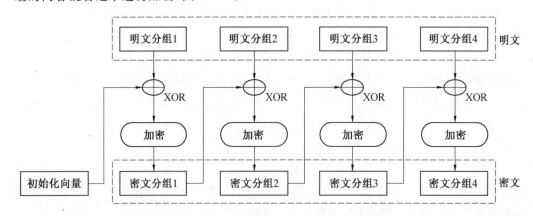

图2.19 CBC模式的加密

在CBC模式中,首先将明文分组与前一个密文分组进行XOR运算,然后再进行加密。加密第一个明文分组时,由于不存在"前一个密文分组",因此需要事先准备一个长度为一个分组的比特序列来代替"前一个密文分组",这个比特序列称为初始化向量(Initialization Vector,IV)。CBC模式避免了ECB模式的弱点,明文的重复排列不会反映在密文中(图 2.20)。不过,相比于 ECB 模式,CBC 模式多了一个初始化向量。

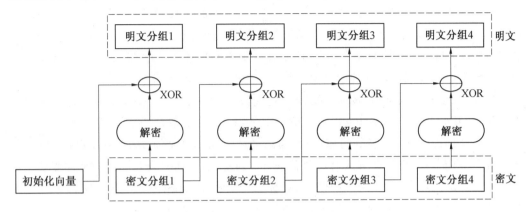

图 2.20　CBC 模式的解密

另外,当最后一个明文分组的内容小于分组长度时,需要用一些特定的数据进行填充,填充方式也有很多种,常用的有两种:PKCS♯5 和 PKCS♯7。需要注意的是,不同编程语言使用的填充方式可能会不同。比如,Java 使用 PKCS♯5,而 iOS 的 Objective-C 和 Swift 则采用 PKCS♯7。

**(二)公钥密码(非对称密码)**

公钥密码系统就是非对称密码体系。在非对称密码算法中,使用两个密钥(即公钥和私钥)分别加密和解密数据,适合于在分布式系统中使用。当两个用户进行加密通信时,发送方使用接收方的公钥加密所发送的数据,接收方使用自己的私钥解密所接收的数据。由于私钥不在网上传送,比较容易解决密钥管理问题,消除了在网上交换密钥所带来的安全隐患。

由于非对称密码算法可以把加密密钥公开,因此也称为公开密钥密码算法,简称公钥密码算法,或公钥算法。公钥算法解决了密钥既要保密又要公开的矛盾。下面是一些常见的公钥密码算法。

1. RSA 算法

典型的非对称密钥算法是 RSA 算法,其原理是利用了大整数质因数分解问题的困难度,加密和解密其实就是非常简单的两条公式:

加密:密文 = 明文^$E$ mod $N$

解密:明文 = 密文^$D$ mod $N$

也就是说,加密就是对明文的 $E$ 次方后除以 $N$ 求余数的过程,其中 $E$ 和 $N$ 的组合就是公钥,即公钥 =($E$, $N$)。而解密过程就是对密文进行 $D$ 次方后除以 $N$ 得到余数,即为明文,$D$ 和 $N$ 的组合就是私钥,即私钥 =($D$, $N$)。公钥和私钥共有的 $N$ 称为 module,即模数,$E$ 和 $D$ 则分别是公钥指数和私钥指数。因为 RSA 是基于以上数学问题的,所以其明文、密钥和密文都是数字,我们平时看到的字符串其实都是二进制表示的数字经过 BASE64 编码的。

密钥越长越安全,推荐使用 1 024 比特或更大的值,这里说的 1 024 密钥长度其实是指模数的长度,不同于对称密码可以加密任意长度的明文,RSA 明文长度是不能超过密钥长度的。Java 默认的 RSA 加密实现明文长度最长为密钥长度减去 11 字节,假如密钥长度设为 1 024 比特,即 128 字节,那明文长度则不能超过 117 字节,如果超过该长度则会出现异常。如果想要加密的明文比较长,那就生成更长的密钥。

另外,为了提高安全性,RSA 加密时都会填充一些随机数。RSA 加密填充方式主要有三种:NoPadding、PKCS1Padding、OAEPPadding。其中最常用的是 PKCS1Padding,它会在明文前面填充 11 字节的随机数,因此,对同一明文每次加密产生的密文都会不一样。实际应用中,我们不会直接对长消息进行非对称加密,而只会对一些安全性要求非常高的短消息进行加密,比如用户的密码、对称加密的密钥。SSL/TLS 的加密方案就是用对称加密对请求消息进行加密,用公钥加密对对称加密的密钥进行加密。

2. ELGamal 算法

RSA 基于大质数分解难题;而 ELGamal 基于 G 上的离散对数难题。ELGamal 算法是由 Tather ELGamal 在 1985 年提出的,它是一种基于离散对数难题的加密体系,与 RSA 算法一样,既能用于数据加密,也能用于数字签名。RSA 算法是基于因数分解,而 ELGamal 算法是基于离散对数问题。与 RSA 算法相比,ELGamal 算法哪怕是使用相同的私钥,对相同的明文进行加密,每次加密后得到的签名也各不相同,有效地防止了网络中可能出现的重放攻击。

(1)阶。

假设 $n>1$,$a$ 和 $n$ 互质,则必有一个 $x(1 \leqslant x \leqslant n-1)$ 使得:

$ax \equiv 1(\mod n)$

满足 $ax \equiv 1(\mod n)$ 的最小整数 $x$,称为 $a$ 模 $n$ 的阶。

符号表示为 $\mathrm{Ord}_n(a)$

观察方程 $ax \equiv 1(\mod n)$,根据欧拉定理,$\varphi(n)$ 是方程的一个解,但它未必是最小的,所以不一定是阶,而当 $\varphi(n)$ 是 $a$ 模 $n$ 的阶时,我们称 $a$ 为 $n$ 的一个本原元。

(2)本原元。

当 $a$ 模 $n$ 的阶为 $\varphi(n)$,也就是说当且仅当 $x$ 是 $\varphi(n)$ 的倍数,使得 $ax \equiv 1(\mod n)$ 成立,此时称 $a$ 为 $n$ 的本原元。

(3)算法流程(图 2.21)。

(三)单向散列函数

单向散列函数的特点是加密数据时不需要密钥,并且经加密的数据无法解密还原,只有使用同样的单向加密算法对同样的数据进行加密才能得到相同的结果。它主要用于提供信息交换时的完整性,以验证数据在传输过程中是否被篡改。由于单向散列函数计算量大,通常只适合于加密短数据,如计算机系统中的密码、数据检验等。

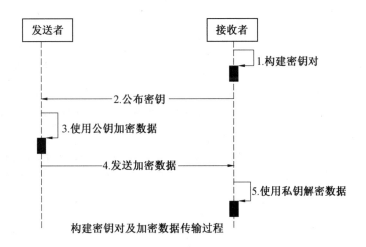

图 2.21 ELGamal算法流程图

1. 单向散列函数的性质

(1)根据任意长度的消息计算出固定长度的散列值。

(2)能够快速计算出散列值。

(3)消息不同散列值也不同。

(4)具备单向性(单向性是指无法通过散列值反算出消息的性质)。

2. 单向散列函数碰撞

(1)检查软件是否被篡改。

(2)用于基于口令的加密方式(PBE)。PBE 的原理:将口令和随机值(Salt)混合后计算其散列值,然后将这个散列值用作加密的密钥。

(3)消息认证码。

(4)数字签名。

(5)伪随机数生成器。

(6)一次性口令。

3. 现有的单向散列函数

(1)MD5。

MD5 能够产生 128 比特的散列值。目前 MD5 的强抗碰撞性已经被攻破。

(2)SHA-1、SHA-256、SHA-384、SHA-512。

这些函数都是由 NIST(美国国家标准与技术研究院)设计的。其中,SHA-1 产生 160 比特的散列值,其强抗碰撞性已于 2005 年被攻破。SHA-256、SHA-384、SHA-512 统称为 SHA-2。

(3)AHS 和 SHA-3。

Python 中单向散列函数的实现。在 Python3 中,标准库 Hashlib 提供了安全的 Hash 和消息摘要。Hashlib 中实现了 SHA-1、SHA-224、SHA-256、SHA-384 和 SHA-512。每种 Hash 算法都有对应的构造方法。

### (四)密码协议

随着网络应用普及到各个领域,要在网络环境下完成各种任务必须有协议。协议是指双方或多方通过一系列规定的步骤来完成某项任务。一系列规定指的是自始至终的步骤序列依序进行。比如利用 RSA 公钥密码进行数字签名就有通信双方约定的协议。密码技术所包含的密码协议有:Shamir 协议、身份认证协议、签合同协议、挂号信协议、不可否认的签名协议、盲签名、多方安全计算协议等。

量子密码学是利用量子的不确定性,构造一个安全的通信信道,使任何在信道上的窃听行为不可能不对通信本身产生影响,达到使窃听失败的目的,以保证信道的安全。

### (五)密钥管理

对于对称加密体制来说,在进行通信之前,双方必须持有相同的密钥,在通信过程中要防止密钥泄密和能够更改密钥。通常是设立密钥分配中心(KDC)来管理密钥,但增加了网络成本,降低了网络的性能;或者利用公开密钥加密技术来实现对对称密钥的管理,此方法使密钥管理变得简单,同时解决了对称密钥中的可靠性和鉴别性问题。公开密钥的管理通常采用数字证书的方式。数字证书通常含有唯一标识证书所有者(发送方)的名称、唯一标识证书发布者的名称、证书所有者的公开密钥、证书发布者的数字签名、证书的有效性及证书的序列号。

### (六)认证技术

网上的数据除了保密之外,还要防止假冒和篡改,通过加密当然也能做到防伪。然而有时信息本身无须保密,但必须确认的确是真的,也就是需要确认它确实是发信方发出的,如果对这些信息全部进行加密,代价太大,不可取。数字签名技术可以解决这个问题。

### (七)认证系统

在一个开放的分布式环境下,一个用户在某一客户端要接入网上的某一服务器。由于服务器仅对有权限的用户服务,工作站本身很难正确识别该用户是否合法。Kerberos 认证系统是利用集中的认证取代分散的认证,以减轻服务器的负担。Kerberos 服务器和别的 Kerberos 服务器有一密钥,彼此互相注册。这样 Kerberos 服务器依靠别的 Realm 的 Kerberos 服务器对用户进行确认。Kerberos 服务器包含 AS 和 TGS 两部分,即确认服务器和服务证书发放服务器。

## 三、密码技术的应用

### (一)密码技术应用于电子商务之中

电子商务发展迅速,网上交易要保密并确认信息的完整性、不可抵赖性及身份验证等。为了适应电子商务发展的需要,可以建立交易双方信赖的第三方给双方发证书,这个第三方称为 CA(Certificate Authority,证书生成和管理机构)。每个用户都有各自的公钥,公钥由 CA 签发证书,设想今后这个公钥就像我们的 E-mail 地址、电话号码,成为相关信息,证书被存放在网络附近的数据库中,供检索查找,无须保护。电子商务就是建立在这样一种公钥密码系统的平台上。而通信过程使用的是对称密码,公钥密码平台和对称密码构成混合密码系统。

CA 由 RA(Registration Authority,审计授权)和 CP(Certificate Processor,证书操作)两部分组成。RA 负责对证书申请者进行资格审查,决定是否同意发证书;CP 为已授权的申请者制作和发放证书。

在电子商务的实际应用中,考虑到贸易往来中人员的流动性,许多 CA 系统除允许用户拥有签名密钥对外,还可拥有加密密钥对。签名密钥对由用户端自行产生,用于数字签名;加密密钥对则是对传输数据加密密钥进行加密的密钥。如果拥有加密密钥对,就可以解密每次通信会话的数据信息。这样,即使企业内某个雇员离开本单位,他只能带走其签名密钥,此单位仍可利用加密密钥来解读属于企业的合法信息。加密密钥对一般由 CA 产生并管理,必要时可为用户进行加密密钥的恢复。

**(二)提供安全的网络连接服务**

链路加密:保护在网络上传输的数据的安全。

(1)SSH(Secure Shell)。SSH 提供了常见网络服务的加密方案:Telnet、FTP、Rlogin。现在有两个版本 SSH1 和 SSH2,SSH1 被认为不安全,开始转向 SSH2。

(2)IPSec。在两个实体之间建立信息交换的安全信道,IPSec 使用 IP 协议,通过公钥密码提供:机密性、访问控制、不可否认、消息身份验证。主要用于 VPN,通常与 L2TP 一起使用,IPSec 由两部分组成:AH(身份验证首部)和 ESP(封装安全负载),前者提供消息的 CIA,后者保障数据包的机密性和完整性。

(3)WEP(Wired Equivalent Privacy)。提供 64 位和 128 位的加密选项,从而保护无线 LAN 内的通信。

(4)WPA(Wifi Protected Access)。改进的 WEP 加密算法,目前比较安全,而经常能看到的 IEEE 802.1x 是常用的无线安全标准。

**(三)加密的 Web 通信**

SSL 依赖在浏览器与 Web 服务器之间交换数字证书以协商加密/解密参数。SSL 协议的目标是建立安全的通信通道,使整个 Web 浏览器会话保持开放。它取决于对称和非对称加密的组合。具体过程涉及以下步骤:当用户访问一个网站时,浏览器检索出服务器的证书,并从中提取服务器的公共密钥。浏览器创建一个随机的对称密钥,使用服务器的公钥来加密,将加密的对称密钥发送到服务器上。随后,服务器使用自己的私钥解密对称密钥,这两个系统使用对称加密密钥来交换未来的交互信息。

**(四)应用前景**

中国密码学会于 2007 年 3 月 26 日在北京成立。中国密码学会是由国内从事密码学术研究的知名专家、学者和部分大专院校、科研院所从事密码学研究的人员自愿发起,经民政部批准,依法登记成立的全国性、学术性、非营利性法人社会团体,由中国科学技术协会主管、挂靠国家密码管理局。时任国家密码管理局局长张彦珍在成立大会上说,随着我国信息化进程的不断推进,密码技术的重要性日益突出,密码应用已经从过去的党、政、军领导机关和机密要害部门,迅速扩展到经济、文化和社会各领域。

有人以人体来比喻,芯片是细胞,计算机是大脑,网络是神经系统,智能是营养,信息是血浆,信息安全是免疫系统。随着信息和信息技术的发展,电子数据交换逐步成为人们交换的主要形式,密码在信息安全中的应用将会不断拓宽,信息安全对密码的依赖会越来越大。

## 第四节 分布式系统技术与应用

本节可分为两部分,其一是介绍分布式系统基础理论知识,总结一些在设计分布式时需要考虑的范式、知识点以及可能会面临的问题,其中包括线程、通信、一致性、容错性、CAP 理论、安全性和并发等相关内容,讲述分布式的常见架构体系。其二主要列举在分布式系统应用中经常用到的一些主流技术,并介绍这些技术的作用和用法;这些技术涵盖了分布式消息服务、分布式计算、分布式存储、分布式监控、分布式版本控制等领域的内容。

### 一、分布式系统基础知识

**(一)概述**

1.分布式系统的含义

分布式计算是计算机科学中的一个研究方向,它研究如何把一个需要巨大的计算能力才能解决的问题分成许多小的部分,然后把这些部分分配给多个计算机进行处理,最后把这些计算结果综合起来得到最终的结果(图 2.22)。

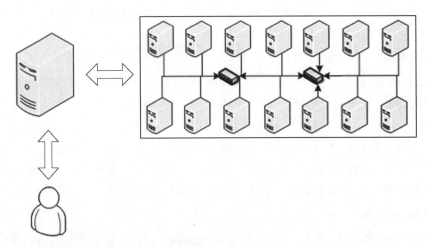

图 2.22 分布式系统示意图

当计算机的程序和数据通过网络分布在多于一个的计算机上时,计算就成为分布式的。以前的计算通常是由计算中心完成的。尽管现在仍存在这样的计算中心,但是企业却逐渐将应用程序移至(分布到)企业中能最有效地完成计算的地点进行,通常是桌面工作站、局域网服务器、部门服务器、Web 服务器和其他服务器的混合。比较流行的是客户/服务器模式,客户机只具有一定的功能,其他的功能需要从提供服务的服务器那里获得。互联网应用的特点是:高并发,海量数据。互联网应用的用户数是没有上限的(取决于其开放特性),这也是其和传统应用的本质区别。高并发指系统单位时间内收到的请求数量(取决于使用的用户数),没有上限。海量数据包括:海量数据的存储和海量数据的处理。这两个工程难题都可以使用分布式系统来解决。

简单理解,分布式系统就是把一些计算机通过网络连接起来,然后协同工作。协同工作需要解决以下两个问题。

(1)任务分解。任务分解是指把一个问题拆解成若干个独立任务,每个任务在一个节点上运行,实现多任务的并发执行。

(2)节点通信。节点之间互相通信,需要设计特定的通信协议来实现。协议可以采用 RPC 或 Message Queue 等方式。

2.集中式系统与分布式系统流程

(1)集中式系统流程(图 2.23)。集中式系统是指由一台或多台主计算机组成中心节点,数据集中存储在这个中心节点中,并且整个系统的所有业务单元都集中部署在这个中心节点上,系统所有功能均由其集中处理。在集中式系统中,每个终端或客户端机器仅仅负责数据的录入和输出,而数据存储与控制处理完全由主机来完成。

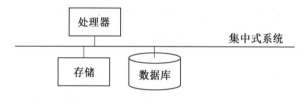

图 2.23 集中式系统流程图

集中式系统的最大特点就是部署结构简单,集中式系统往往基于底层性能卓越的大型主机,因此无须考虑如何对服务进行多个节点的部署,也就不用考虑多个节点之间的分布式协作问题。

(2)分布式系统流程(图 2.24)。分布式系统是指一个硬件或软件组件分布在不同的网络计算机上,彼此之间仅仅通过消息传递进行通信和协调。

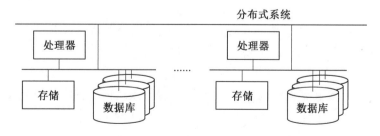

图 2.24 分布式系统流程图

一个标准的分布式系统在没有任何特定业务逻辑约束的情况下,都会有如下几个特征。

①分布性。分布式系统中的多台计算机都会在空间上随意分布,同时,机器的分布情况也会随时变动。

②对等性。分布式系统中计算机没有主/从之分,组成分布式系统的所有计算机节点都是对等的。

副本(Replica)是分布式系统对数据和服务提供的一种冗余方式。在常见的分布式系统中,为了对外提供高可用的服务,我们往往会对数据和服务进行副本处理,即数据副本和服务副本。

a.数据副本:指在不同节点上持久化同一份数据,当某一节点上存储的数据丢失时,可以从副本上读取到该数据。这是解决分布式系统数据丢失问题最为有效的手段。

b.服务副本:指多个节点提供同样的服务,每个节点都有能力接收来自外部的请求并进行相应处理。

③并发性。在一个计算机网络中,程序运行过程中的并发性操作是非常常见的。例如同一个分布式系统的多个节点,可能并发地操作一些共享资源,诸如数据库或分布式存储等。如何准确并高效地协调分布式并发操作是分布式架构中最大的挑战之一。

④缺乏全局时钟。典型的分布式系统由一系列在空间上随意分布的多个进程组成,进程之间通过交换消息来相互通信。在分布式系统中,很难定义两个事件的先后顺序,原因是分布式系统缺乏一个全局的时钟序列控制。

⑤故障的发送。组成分布式系统中的所有计算机,都可能发送任何形式的故障。

3.如何设计分布式系统

设计分布式系统的本质就是"如何合理地将一个系统拆分成多个子系统并部署到不同的机器上"。所以首先要考虑的问题是如何合理地将系统进行拆分。由于拆分后的各个子系统不可能孤立地存在,必然是通过网络进行连接交互,所以它们之间如何通信变得尤为重要。当然在通信过程中要识别"敌我",防止信息在传递过程中被拦截和篡改,这就涉及安全问题了。分布式系统要适应不断增长的业务需求,那么就需要考虑其扩展性。分布式系统还必须要保证可靠性和数据的一致性。

**(二)线程**

1.线程的含义

线程(图2.25)是操作系统能够进行运算调度的最小单位。它被包含在进程之中,是进程中的实际运作单位。一条线程指的是进程中一个单一顺序的控制流,一个进程中可以并发多个线程,每条线程并行执行不同的任务。

线程是独立调度和分派的基本单位,可以是操作系统内核调度的内核线程,如Win32线程;由用户进程自行调度的用户线程,如Linux平台的POSIX Thread;或者由内核与用户进程(如Windows 7的线程)进行混合调度。

同一进程中的多条线程将共享该进程中的全部系统资源,如虚拟地址空间、文件描述符和信号处理等。但同一进程中的多个线程有各自的调用栈(Call Stack)、自己的寄存器

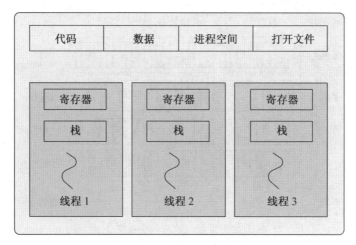

图 2.25 线程示意图

环境(Register Context),自己的线程本地存储(Thread-Local Storage)。

在多线程 OS 中,通常是在一个进程中包括多个线程,每个线程都是作为利用 CPU 的基本单位,是花费最小开销的实体。线程具有以下属性。

(1)轻型实体。线程中的实体基本上不拥有系统资源,只是有一点必不可少的、能保证独立运行的资源。线程的实体包括程序、数据和 TCB。线程是动态概念,它的动态特性由线程控制块 TCB(Thread Control Block)描述。

(2)独立调度和分派的基本单位。在多线程 OS 中,线程是能独立运行的基本单位,因而也是独立调度和分派的基本单位。由于线程很轻,故线程的切换非常迅速且开销小(在同一进程中)。

(3)可并发执行。在一个进程中的多个线程之间,可以并发执行,甚至允许在一个进程中所有线程都能并发执行;同样,不同进程中的线程也能并发执行,充分利用和发挥了处理机与外围设备并行工作的能力。

(4)共享进程资源。在同一进程中的各个线程,都可以共享该进程所拥有的资源,这首先表现在:所有线程都具有相同的地址空间(进程的地址空间),这意味着,线程可以访问该地址空间的每一个虚地址;此外,还可以访问进程所拥有的已打开文件、定时器、信号量机构等。由于同一个进程内的线程共享内存和文件,所以线程之间互相通信不必调用内核。

2.进程与线程的关系(图 2.26)

计算机的核心是 CPU,它承担了所有的计算任务,而操作系统是计算机的管理者,它负责任务的调度及资源的分配和管理,统领整个计算机硬件;应用程序是具有某种功能的程序,程序是运行于操作系统之上的。

进程是一个具有一定独立功能的程序在一个数据集上的一次动态执行的过程,是操作系统进行资源分配和调度的一个独立单位,是应用程序运行的载体。进程是一种抽象的概念,没有统一的标准定义。进程一般由程序、数据集合和进程控制块三部分组成。程序用于描述进程要完成的功能,是控制进程执行的指令集;数据集合是程序在执行时所需

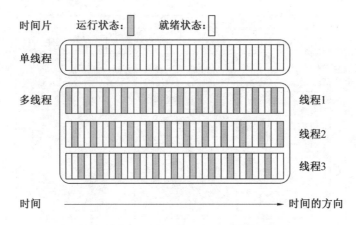

图 2.26 进程与线程的关系示意图

要的数据和工作区;程序控制块包含进程的描述信息和控制信息,是进程存在的唯一标志。

在早期的操作系统中并没有线程的概念,进程是拥有资源和独立运行的最小单位,也是程序执行的最小单位。任务调度采用的是时间片轮转的抢占式调度方式,而进程是任务调度的最小单位,每个进程有各自独立的一块内存,使得各个进程之间内存地址相互隔离。

后来,随着计算机的发展,对CPU的要求越来越高,进程之间的切换开销较大,已经无法满足越来越复杂的程序的要求,于是就发明了线程。线程是程序执行中一个单一的顺序控制流程,是程序执行流的最小单元,是处理器调度和分派的基本单位。一个进程可以有一个或多个线程,各个线程之间共享程序的内存空间(也就是所在进程的内存空间)。一个标准的线程由线程ID、当前指令指针PC、寄存器和堆栈组成,而进程由内存空间(代码、数据、进程空间、打开的文件)和一个或多个线程组成。

(1)线程是程序执行的最小单位,而进程是操作系统分配资源的最小单位。

(2)一个进程由一个或多个线程组成,线程是一个进程中代码的不同执行路线。

(3)进程之间相互独立,但同一进程下的各个线程之间共享程序的内存空间(包括代码段、数据集、堆等)及一些进程级的资源(如打开文件和信号等),某进程内的线程在其他进程不可见。

(4)调度和切换:线程上下文切换比进程上下文切换要快得多。

总之,线程和进程都是一种抽象的概念,线程是一种比进程还小的抽象概念,线程和进程都可用于实现并发。

在早期的操作系统中并没有线程的概念,进程是能拥有资源和独立运行的最小单位,也是程序执行的最小单位,它相当于一个进程里只有一个线程,进程本身就是线程。所以线程有时被称为轻量级进程。

3.编程语言中的线程对象

在面向对象语言开发中,每个线程都与 Thread 类的一个实例相关联。由于 Java 语言较流行,下面将用 Java 来实现并使用线程对象,作为并发应用程序的基本原型。

(1)定义和启动一个线程。Java 中有两种创建 Thread 实例的方式。

①提供 Runnable 对象(图 2.27)。Runnable 接口定义了一个方法 Run,用来包含线程要执行的代码。

(作者注:为展示方便,全书代码不区分大小写,仅作为代码示意,具体以实际开发环境为准。)

```
1.  public class HelloRunnable implements Runnable {
2.  @Override
3.  public void run(){
4.  System.out.printin( " Hello from a runnable! " );
5.  }
6.  public static void main (String[] args){
7.  (new Thread (new HelloRunnable ())).start();
8.  }
9.  }
```

图 2.27 提供 Runnable 对象

②继承 Thread 类(图 2.28)。Thread 类本身是 Runnable 的实现,只是它的 Run 方法什么都没干。

```
1.  public class HelloThread extends Thread {
2.  @Override
3.  public void run(){
4.  System.out.printin( " Hello from a thread! " );
5.  }
6.  public static void main(String[] args){
7.  (new Hello Thread ()).start();
8.  }
9.  }
```

图 2.28 继承 Thread 类

(2)使用 Sleep 来暂停执行(图 2.29)。

Thread.Sleep 可以让当前线程执行暂停一个时间段,这样处理器的时间就可以给其他线程使用。

Sleep 有两种重载形式:一种是指定睡眠时间为毫秒级,另一种是指定睡眠时间为纳秒级。然而,这些睡眠时间不能保证是精确的,因为它们是由操作系统提供的并受其限制。此外,睡眠周期也可以通过中断来终止。

(3)中断(Interrupt)。中断表明一个线程应该停止它正在做和将要做的事。线程通过 Thread 对象调用 Interrupt 实现中断。为了使中断机制正常工作,被中断的线程必须支持自己的中断。

```
1.  public class SleepMessages {
2.  public static void main (String[] args) throws InterruptedException
3.  {
4.  String importantinfo[]={
5.   " Mares eat oats ",
6.   " Does eat oats ",
7.   " Little lambs eat ivy ",
8.   " A kid will eat ivy too " };
9.  for (int i=0; i < importantinfo. length; i++){
10. // 暂停4秒
11. Thread.sleep(4000);
12. // 打印消息
13. System.out.println(importantinfo[i]);
14. }
15. }
16. }
```

图 2.29 使用 Sleep 来暂停执行

**(三)通信**

1. 网络 I/O 模型的演进

我们在此讨论的网络 IO 一般都是针对 Linux 操作系统而言。网络 IO 的发展过程是随着 Linux 的内核演变而变化的,因此网络 IO 大致可以分为如下几个阶段。

(1)阻塞 IO(BIO)。

(2)非阻塞 IO(NIO)。

(3)IO 多路复用第一版(Select/Poll)。

(4)IO 多路复用第二版(Epoll)。

(5)异步 IO(AIO)。

而每一个阶段,都是因为当前的网络有一些缺陷,因此又在不断改进该缺陷。这是网络 IO 一直演变过程中的本质。

在网络中,我们通常可以将其广义上划分为以下两个阶段。

第一阶段:硬件接口到内核态。

第二阶段:内核态到用户态(图 2.30)。

我们上网时,大部分数据是通过网线传递的。因此对于两台计算机而言,要进行网络通信,其数据都是先从应用程序传递到传输层(TCP/UDP)到达内核态,然后再到网络层、数据链路层、物理层,接着数据传到到硬件网卡,最后通过网络传输介质传递到对端机器的网卡,然后数据再一步一步从网卡传递到内核态,最后再拷贝到用户态。

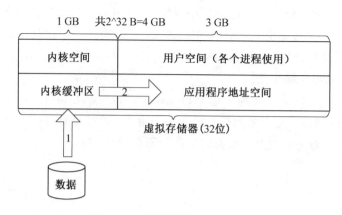

图 2.30　内核态到用户态示意图

### 2. 远程过程调用(RPC)

Birrell 和 Nelson 在 1984 年发表于 *ACM Transactions on Computer Systems* 的论文 *Implementing remote procedure calls* 中,对 RPC 做了经典的诠释:RPC 是指计算机 A 上的进程,调用另外一台计算机 B 上的进程,其中 A 上的调用进程被挂起,而 B 上的被调用进程开始执行,当值返回给 A 时,A 进程继续执行。调用方可以通过使用参数将信息传送给被调用方,而后通过传回的结果得到信息(图 2.31)。而这一过程,对于开发人员来说是透明的。

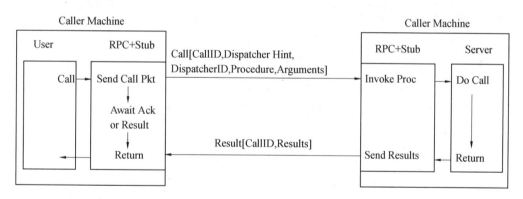

图 2.31　数据报在一个简单的 RPC 传递的过程

### (四)CAP 理论

#### 1. 概述

1985 年 Lynch 证明了异步通信中不存在任何一致性的分布式算法(FLP Impossibility)的同时,人们就开始寻找分布式系统设计的各种因素。一致性算法既然不存在,若能找到一些设计因素,并进行适当的取舍以最大限度地满足实现系统需求成为当时的重要议题。比如,在 CAP 之前研究者就已经发现低延迟和顺序一致性不可能同时被满足。

2000 年,Eric Brewer 在 PODC 的研讨会上提出了一个猜想:一致性、可用性和分区容错三者无法在分布式系统中被同时满足,最多只能满足其中两个。

这个猜想首次把一致性、可用性和分区容错三个因素提炼出来作为系统设计的重要特征，断言用此三者可以划分所有的分布式系统，并指明这三个特征之间的不可能性关系。Brewer 猜想比单纯的"低延迟和顺序一致性不能被同时满足"的结论更具体，对实际系统的构建也更具有可操作性。

Brewer 当时想象的分布式场景是 Webservice，一组 Webservice 后台运行着众多的 Server，对 Service 的读写会反映到后台的 Server 集群，并对 CAP 进行了定义。

C(一致性)：所有的节点上的数据时刻保持同步(图 2.32)。

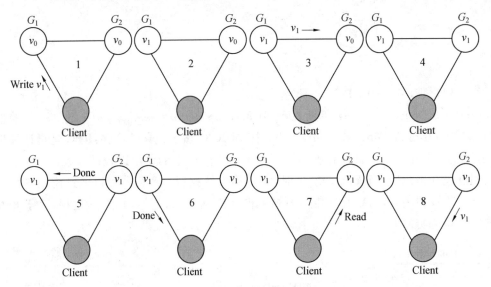

图 2.32　一致性示意图

A(可用性)：每个请求都能接收到一个响应，无论响应成功或失败。

P(分区容错)：系统应该能持续提供服务，即使系统内部有消息丢失(图 2.33)。

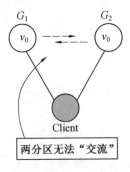

图 2.33　分区容错示意图

2. 常见模型

既然 CAP 理论已经证明了一致性、可用性、分区容错三者不可能同时达成，那么在实际应用中，可以在其中的某一些方面来放松条件，从而达成妥协。下面介绍常见的三种模型。

(1)牺牲分区容错(CA 模型)。

如果不要求 P(不允许分区),则 C(强一致性)和 A(可用性)是可以保证的。但其实分区始终会存在,因此 CA 的系统更多的是允许分区后各子系统依然保持 CA。

牺牲分区容错意味着把所有的机器搬到一台机器内部,这明显违背了可伸缩性。

(2)牺牲可用性(CP 模型)。

如果不要求 A(可用),相当于每个请求都需要在 Server 之间强一致,而 P(分区)会导致同步时间无限延长,如此 CP 也是可以保证的。很多传统的数据库分布式事务都属于这种模式。

牺牲可用性意味着一旦系统中出现分区这样的错误,系统就直接停止服务。

(3)牺牲一致性(AP 模型)。

要高可用并允许分区,则需放弃一致性。一旦分区发生,节点之间可能会失去联系,为了高可用,每个节点只能用本地数据提供服务,而这样会导致全局数据的不一致性。现在众多的 NoSQL 都属于此类。

对于互联网应用来说,机器数量庞大,节点分散,网络故障再正常不过了,那么此时就是保障 AP、放弃 C 的场景,而从实际中理解,像门户网站这种偶尔没有一致性是能接受的,但不能访问问题就非常大了。

对于银行来说,就是必须保证强一致性,也就是说 C 必须存在,那么就只有 CA 和 CP 两种情况,如果保障强一致性和可用性(CA),那么一旦出现通信故障,系统将完全不可用;如果保障强一致性和分区容错(CP),那么就具备了部分可用性。实际究竟应该选择什么,是需要通过业务场景进行权衡的(并不是所有情况都是 CP 好于 CA,只能查看信息但不能更新信息有时候还不如直接拒绝服务)。

## 二、分布式存储

### (一)概述

分布式存储系统是大量普通 PC 服务器通过网络互联,对外作为一个整体提供存储服务。从上面的定义看,更多时候我们把分布式存储作为一种服务面向各种不同的数据存储需求。

1.分布式存储的特性

(1)可扩展。分布式存储系统可以通过增加 PC 机的方式,使系统整体性能表现为线性增长。

(2)低成本。分布式存储系统的自动容错、自动负载均衡机制都构建在 PC 机上。

(3)高性能。这是大数据时代对分布式存储系统的整体要求。

(4)易用。分布式存储系统需要提供易用的对外接口,还要具备完善的监控、运维工具,并且能方便与其他系统集成。

2.分布式存储系统主要涉及的技术

(1)数据分布。怎么将数据均匀地分布到多台 PC 机上?如何实现跨 PC 机读写操作?

(2)一致性。如何将数据的多个副本分布在多台 PC 机上,在出现异常的时候,怎么保证多个副本的数据的一致性?

(3)容错。如何检测到 PC 机故障,怎么自动地将故障 PC 机的数据与服务迁移到其他 PC 机上?

(4)负载均衡。新增 PC 机和集群在正常运行过程中如何实现自动负载均衡?在数据迁移过程中如何保证不影响已有服务?

(5)事务与并发控制。如何实现分布式事务?如何实现多版本并发控制?

(6)易用。如何设计对外接口使得系统便于使用?如何设计监控系统使系统内部状态以简单的形式展示给运维人员?

(7)压缩与解压缩。如何根据数据特点设计合理的压缩/解压缩算法?如何权衡压缩算法的存储消耗和 CPU 计算消耗?

3. 存储的数据分类

(1)非结构化数据。如声频、图像、文档、视频。

(2)半结构化数据。一般是自描述的,如 HTML 文档,模型结构和内容混在一起的数据,数据模式不需要预先定义。

(3)结构化数据。模型结构和内容是分开的,数据模式需要预先定义,一般存储在关系数据库中,可用二维关系表结构表示。

### (二)分布式存储分类

1. 分布式文件系统

互联网应用需要存储大量的图片、视频等非结构化数据对象,这类数据以对象的形式组织,对象之间没有关联,一般称为 Blob(Binary Large Object)数据。分布式文件系统用来存储 Blob 对象,如 Facebook Haystack、Taobao Flie System。

分布式文件系统主要存储三种类型的数据:Blob 对象、定长块、大文件。分布式系统内部按数据块(Chunk)来组织数据,每个数据块大小相同,可包含多个 Blob 对象或定长块,而大文件可分成多个数据块。分布式文件系统将这些数据块分布到存储集群中,处理数据复制、一致性、负载均衡、容错等难题,并将用户的数据操作映射为对底层数据块的操作。

2. 分布式键值系统

分布式键值系统用于关系简单的半结构化数据的存储,只提供基于主键的 CRUD 功能。典型的系统如 Amazon Dynamo、Taobao Tair。在数据结构角度,分布式键值系统与传统的哈希表相似,特点是:分布式键值系统能将数据分布到集群中多个存储节点。分布式键值系统是分布式表格系统的一种简化实现,一般用于缓存。

3. 分布式表格系统

分布式表格系统用于关系较复杂的半结构化数据的存储。与分布式键值系统相比,功能更强大,比如单行事务、单个实体下的多行事务,典型系统如 Google Bigtable、Microsoft Azure Table Storge、Amazon Dynamo DB。而与分布式数据库相比,分布式表格系统主要针对单张表格的操作,不支持复杂的操作,如多表关联、多表连接。分布式表格系统介于分布式键值系统与分布式数据库系统之间,是一种很好的折中。

4.分布式数据库

分布式数据库由单机关系数据库发展而来,用于存储结构化数据。分布式数据库采用二维表格组织数据,提供 SQL 关系查询语言,多表关联,事务与并发控制,功能强大。典型系统如 MySQL 数据库分片集群,Amazon RDS、Microsoft SQL Azure。分布式数据库系统往往会遇到扩展受限的问题,但并不是绝对的,如 Google Spanner 是一个支持多数据中心的分布式数据库,它不但具有丰富的数据库功能,还能扩展到多个数据中心。

SQL 数据库是目前最为成熟的存储系统,它也面对着巨大的挑战:传统关系数据库事务及二维关系模型难以高效地扩展到多个存储节点上。为解决 SQL 数据库面临的可扩展、高并发、高性能问题,各种非关系数据库风起云涌,此类系统称为 NoSQL 系统。

## 第五节 区块链技术架构

区块链就是一个分布式、有着特定结构的数据库,是一个有序的、每一个块都连接到前一个块的链表。也就是说,区块按照插入的顺序进行存储,每个块都与前一个块相连。这样的结构,能够让我们快速地获取链上的最新块,并且高效地通过哈希来检索一个块。

### 一、区块链六层模型(图 2.34)

一个标准的区块链项目,至少应该包含数据层、网络层、共识层这三层,激励层、合约层、应用层可以不包含。

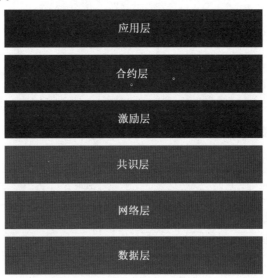

图 2.34 区块链六层模型

下面以一个交易的例子来说明这个模型所起的作用,假如说,我们有 A、B、C 三个角色,A 有 100 BTC,B 有 0 BTC,C 是矿工,现在 A 给 B 转 10 BTC。

(1)A 给 B 转 10 BTC——数据层。

(2)转账交易要确认,需要广播出去——网络层。

(3)把交易打包到区块形成新的区块,并且加入到区块链——共识层。

(4)第三步的奖励——激励层。

(5)钱包——应用层(图 2.35)。

角色
　A 100 BTC
　B 0 BTC
　C 矿工
动作
A→B 10 BTC

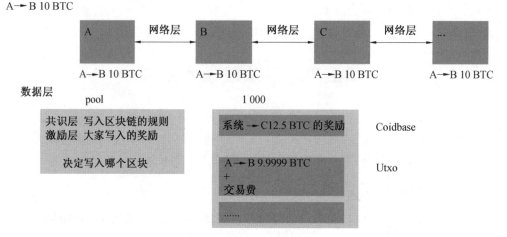

图 2.35　区块链应用层

## 二、数据层

**(一)数据层的特点**

(1)不可篡改。

(2)全备份。

(3)完全平等(数据、权限、代码)。

要实现这样的特点,需依靠链式结构(图 2.36)。

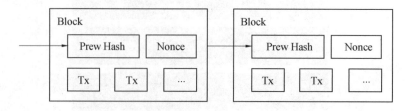

图 2.36　链式结构

①Prev Hash:父区块哈希,特定值的扫描。比如 SHA-256 下的随机散列值,保证数据的可靠性和不可篡改。

②Nonce:随机数,类似于区块的随机散列值。

**(二)数据结构**

(1)区块。区块是一种包含在公开账簿(区块链)里的聚合了交易信息的容器数据结构,包含区块头和区块主体(表2.1)。

表2.1 区块描述

| 字段 | 描述 |
| --- | --- |
| 版本 | 版本号,用于跟踪软件、协议的更新 |
| 父区块哈希值 | 引用区块链中父区块的哈希值 |
| Merkle 根 | 该区块中交易的 Merkle 根的哈希值 |
| 时间戳 | 该区块产生的近似值(精确到秒的 UNIX 时间戳) |
| 难度目标 | 该区块工作量证明算法的难度目标 |
| Nonce | 用于工作量证明算法的计数器 |

(2)区块头。区块头是80个字节,由三组区块元数据(Blockmeta)组成。

①一组元数据:父区块哈希值,用于该区块与区块链中的前一区块相连接。

②二组元数据:Merkle 根,一种用来有效地总结区块中所有交易的数据结构。

③三组元数据:难度目标、时间戳和 Nonce 与生产区块相关。

A.区块头哈希值。

a.产生:通过 SHA-256 算法对区块头进行二次哈希计算得到的数字指纹。

b.特点:唯一,可计算。

c.存储:不包含在区块的数据结构里,可存储在独立的数据库表中。

B.区块高度。

a.产生:节点在接受来自网络的区块时,动态地识别该区块在网络中的位置(区块高度)。

b.特点:不是唯一的(短时间)。

c.存储:不包含在区块的数据结构里,可存储在独立的数据库表中。

d.补充:安全散列算法(Secure Hash Algorithm,SHA)。第一个区块高度为0。2016年2月25日区块高度大约为399 900。

(3)区块体。每个区块包含2 000个交易,平均每个交易至少是250字节。因此,包含完整交易的区块比区块头的4 000倍还要大。

## 三、区块的链接(图2.37)

(1)比特币的完整节点保存了区块链从创世区块起的一个本地副本,该区块链的本地副本会不断地更新用于扩展这个链条。

(2)一个节点从网络接收传入的区块时,它会验证这些区块,然后链接到现有的区块链上。

(3)对于一个新区块,节点会在"父区块哈希值"字段里找出包含它的父区块的哈希值。

图 2.37 区块的链接

## 四、创世区块

(1)创世区块是指区块链的第一个块,现在的比特币客户端版本把区块号定为 0,以前的版本把该区块号定为 1(表 2.2)。

(2)交易的输入:The Times 03/Jan/2009 Chancellor on brink of second bailout for banks。

(3)创世块的收益不可能被花掉,因为创世块是用代码表示的,尽管如此,其 50 BTC 收益还是被发送到地址:1A1zP1eP5QGefi2DMPTfTL5SLmv7DivfNa。

表 2.2 区块的描述

| 标签 | 数值 | 描述 |
| --- | --- | --- |
| Hash | 0000000000...0a8ce26f | 区块头哈希值 |
| Confirmations | 308321 | 证实数 |
| Size | 285 | 大小 |
| Height | 0 | 区块高度 |
| Version | 1 | 版本 |
| Merkle Root | 4a5e1e4baa...fdeda33b | Merkle 根 |
| Tx | 4a5e1e4baa...fdeda33b | 交易的叶子节点 |
| Time | 1231006505 | 时间戳 |
| Nonce | 2083236893 | 用于工作量证明算法的计数器 |
| Bits | 1d00ffff | 压缩格式的当前目标哈希值 |
| Difficulty | 1.00000000 | 难度 |
| Nextblockhash | 00000000839...18eb6048 | 下一个区块头哈希值 |

备注:

难度公式:difficulty ＝ difficulty_1_target / current_target

difficulty_1 压缩值:0x1d00ffff

difficulty_1_target 固定值:$0xffff2\hat{\ }(8(0x1d-3))$

　　current(计算目标)压缩值:0x1729d72d

　　current(计算目标)固定值:$0x29d72d2\hat{\ }(8(0x17-3))$

难度系数 difficulty＝ $0xffff2\hat{\ }(8(0x1d-3))/ 0x29d72d2\hat{\ }(8(0x17-3))$

即:计算目标越小,难度系数越大。

## 五、时间戳

此处指的是各个节点本地的时间戳。

(1)区块产生频率:10 分钟。

(2)区块拒绝条件:上限 ＞ 前 7 个块的时间戳的中位数;下限 ＜ 系统平均时间之后 2 小时。

## 六、私钥、公钥、钱包地址

比特币系统使用了椭圆曲线签名算法,算法的私钥由 32 个字节随机数组成,通过私钥可以计算出公钥,公钥经过一系列哈希算法和编码算法得到比特币地址,地址也可以理解为公钥的摘要(图 2.38)。

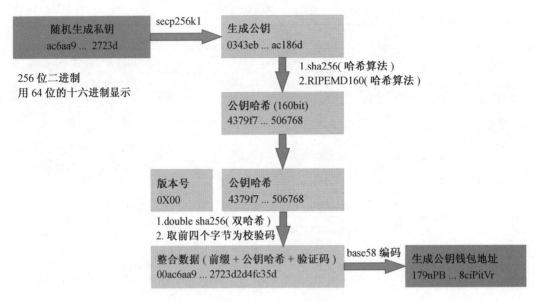

图 2.38 计算过程

## 七、记账原理（图 2.39）

发送方（张三 公钥地址）：19anBP...iPitVr
接收方（李四 公钥地址）：1Eu8Uk...Xy7i2B
金额：10 BTC。

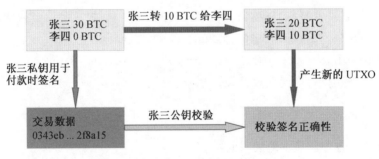

图 2.39 记账原理

## 八、交易签名、校验流程（图 2.40）

一个广播出去的区块交易数据包含三部分。
（1）原始数据：包含转账金额和对方钱包地址。
（2）签名：使用转账人私钥对原始数据进行签名。
（3）公钥：转账人公钥。公钥是根据私钥产生的，可以通过私钥签名的数据进行验签。

## 九、非对称加密算法

在加密和解密的过程中分别使用两个密码。

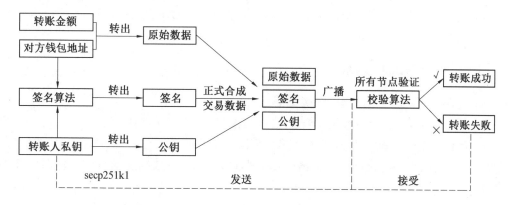

图 2.40　交易签名、校验流程

①私钥：是信息拥有者才知道的，可以加密信息或者解密公钥数据（信息的安全性）。
②公钥：是公开全网可见的，用公钥来验证信息，加密数据（信息的真实性）。

## 十、Merkle 树（图 2.41）

Merkle 树是一种哈希二叉树，用于快速递归和校验大规模数据完整性，是一种平衡树（如果是奇数个交易，则多余的那个自己复制自己）。每个区块都包括了产生于该区块的所有交易，并且以 Merkle 树表示。

$H(A) = SHA256(SHA256(交易 A))$

$H(AB) = SHA256(SHA256(H(A) + H(B)))$

为了证明区块中存在某个特定的交易，只需要计算 $\log_2(N)$ 个哈希，16 笔交易可以由 4 个哈希＋Merkle 根来证明。

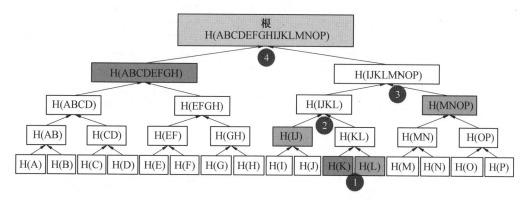

图 2.41　Merkle 树

如图 2.41 中，假如我们想要确定 H(K)这笔交易的准确性，证明方法如下。

（1）服务器 A，轻节点，只有区块头，没有区块体，但是能够与全 2 节点通信，获得 Merkle 树的哈希。

（2）服务器 B，全节点，区块头和区块体都有。

（3）确定 Merkle 路径（H(L), H(IJ), H(MNOP), H(ABCDEFGH)）。

(4)向全节点请求数据(H(L),H(IJ),H(MNOP),H(ABCDEFGH))。

(5)进行验证,多次哈希运算,最后与 Merkle 根做哈希比较。

### 十一、哈希(Hash)函数

哈希函数:Hash(原始信息)=摘要信息。

原始信息可以是任意的信息,Hash 之后会得到一个简短的摘要信息。

哈希函数有几个特点:同样的原始信息用同一个哈希函数总能得到相同的摘要信息;原始信息任何微小的变化都会哈希出面目全非的摘要信息;从摘要信息无法逆向推算出原始信息。

## 第六节  区块链主流应用系统结构

### 一、区块链与互联网之间的关系

#### (一)TCP/IP 协议(图 2.42)

互联网的数据能穿过几万公里,到达需要的计算机用户手里。这是因为互联网世界形成了统一的信息传播机制,也就是互联网设备传播信息时遵循了一个统一的规律——TCP/IP 协议。理解 TCP/IP 协议对掌握互联网和区块链知识有非常重要的意义,在1974 年 TCP/IP 发明之后,整个互联网在底层的硬件设备之间,中间的网络协议和网络地址之间一直比较稳定,但在顶层应用层不断涌现出创新应用,包括新闻、电子商务、社交网络,也包括区块链技术。也就是说,区块链在互联网的技术生态中,是互联网顶层—应用层的一种新技术,它的出现、运行和发展没有影响到互联网底层的基础设施和通信协

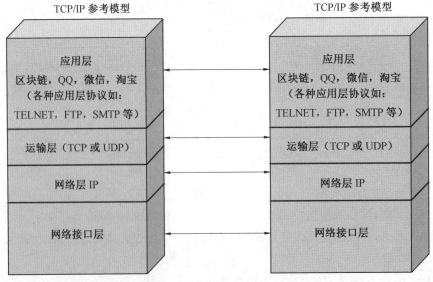

图 2.42  TCP/IP 协议

议,依然是按 TCP/IP 协议运转的众多软件技术之一。

TCP/IP 传输协议对互联网中各部分进行通信的标准和方法进行了规定。并且,TCP/IP 传输协议是保证网络数据信息及时、完整传输的两个重要的协议。TCP/IP 传输协议严格来说是一个四层的体系结构,应用层、运输层、网络层和网络接口层都包含其中。

### (二)路由器技术(图 2.43)

整个互联网硬件层中,有几千万台路由器繁忙工作,指挥互联网信息的传递,路由器的一个重要功能就是每台路由器都保存完整的互联网设备地址表,一旦发生变化,会同步到其他几千万台路由器上(理论上),确保每台路由器都能计算最短最快的路径。大家看到路由器的运转过程,会感到非常眼熟,那就是区块链后来的重要特征,理解路由器的意义在于,区块链的重要特征在 1984 年的路由器上已经实现,对于路由器来说,即使有节点设备损坏或者被黑客攻击,也不会影响整个互联网信息的传送。

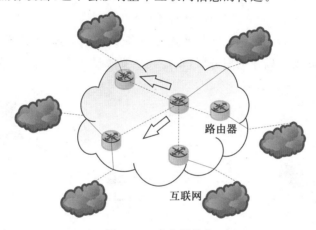

图 2.43 路由器技术

路由器是连接两个或多个网络的硬件设备,在网络间起网关的作用,是读取每一个数据包中的地址然后决定如何传送的专用智能化的网络设备。它能够理解不同的协议,例如某个局域网使用的以太网协议,因特网使用的 TCP/IP 协议。这样,路由器可以分析各种不同类型网络传来的数据包的目的地址,把非 TCP/IP 网络的地址转换成 TCP/IP 地址。

### (三)万维网 B/S(C/S)架构(图 2.44)

理解 B/S 架构,对于后续理解区块链技术有重要的意义。B/S 架构是数据只存放在中心服务器里,其他所有计算机从服务器中获取信息。区块链技术是几千万台计算机没有中心,所有数据会同步到全部的计算机里,这就是区块链技术的核心。

万维网简称为 Web,分为 Web 客户端和服务器。所有更新的信息只在 Web 服务器上修改,其他几千、上万,甚至几千万的客户端计算机不保留信息,只有在访问服务器时才获得信息的数据,这种结构也常被称为互联网的 B/S 架构,也就是中心型架构。

### (四)P2P 对等网络(图 2.45)

区块链就是一种对等网络架构的软件应用。对等网络 P2P 是与 B/S(C/S)对应的另

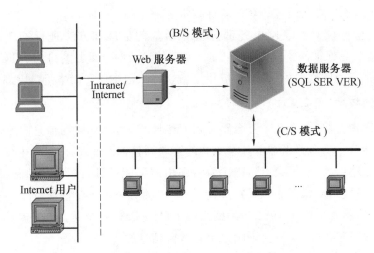

图 2.44 万维网 B/S(C/S)架构

一种互联网的基础架构,它的特征是彼此连接的多台计算机之间都处于对等的地位,无主从之分,一台计算机既可以作为服务器,设定共享资源供网络中其他计算机使用,也可以作为工作站。

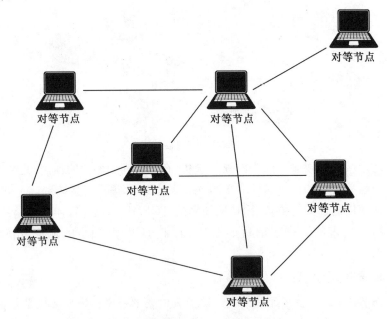

图 2.45 P2P 对等网络

## 二、Fabric

### (一)基本介绍

一些有创新力的企业开始关注区块链底层技术:分布式账本和分布式应用平台。然而,许多企业需要更高的性能,这是那些不需要许可的区块链技术无法达到的。另外,在许多场景下,参与者的身份认证是一个核心诉求,例如金融领域。企业应用的实际需求可以总结概括为以下5个方面。

(1)参与者的身份是明确的,可识别的。

(2)进入网络是必须被许可的。

(3)较高的性能,并发。

(4)事务确认的低延迟。

(5)适用于商业场景私有的和保密的事务。

基于以上背景需求,Hyperledger Fabric 应运而生,那么到底什么是 Hyperledger Fabric 呢?可以从以下3个层面来理解。

(1)Hyperledger Fabric 是一个开源的企业级需要许可的分布式账本技术平台。

(2)Fabric 是一个高度模块化和可配置架构。

(3)Fabric 的智能合约支持所有通用编程语言,例如 Java,Go and Node.js。

**(二)Fabric 的系统架构**

1. 企业级区块链系统模块组成(图2.46)。

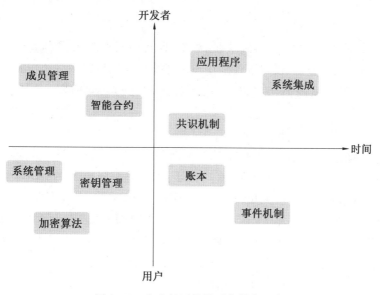

图 2.46　企业级区块链系统模块组成

区块链的业务需求多种多样,一些要求在快速达成网络共识及快速确认区块后,才可以将区块加入区块链中。有一些可以接受相对缓慢的处理时间,以换取较低级别的信任。各行各业在拓展性、可信度、合法性、工作流复杂度以及安全性等方面的需求和用途都不尽相同。

企业常用的功能模块有:应用程序、成员管理、智能合约、共识机制等。纵轴代表用户或开发者更关注的内容,越往上代表用户越关注,比如应用程序。越靠下是开发者更关注的模块,比如事件机制。横轴则是从时间的维度来看的,左边是一开始关注的功能,直到完成所有的功能。

### 2. Fabric 的模块化设计特点

（1）模块插件化。

其很多功能模块（如 CA 模块、共识算法、状态数据库存储、ESCC 等）都是可拔插的。系统默认提供了通用的接口和默认的实现，确保满足多种业务需求，同时也可将需求进行拓展，集成到系统中。

（2）充分利用容器技术。

不仅节点使用容器作为运行环境，链码也默认运行在安全的容器中。应用程序或者外部系统不能直接操作链码，必须通过背书节点提供的接口转发给链码来执行。容器给链码运行提供的是安全沙箱环境，把链码的环境与背书节点的环境隔离开，即使链码存在安全问题也不会影响到背书节点。

（3）可拓展性。

Peer 节点的角色可以进行拆分，有背书节点（Endorser）、排序服务节点（Orderer）、记账节点（Committer）等，不同角色的节点有不同的功能。节点可以加入到不同的通道（Channel）中，链码可以运行在不同的节点上，这样可以更好地提升并行执行的效率和吞吐量。

（4）安全性。

Fabric 提供的是授权访问的区块链网络，节点共同维护成员信息，MSP（Member Service Provider）模块验证、授权了最终用户后才能使用区块链网络的功能。多链和多通道的设计容易实现数据隔离，也提供了应用程序和链码之间的安全通道，实现了隐私保护。

### 3. Fabric 的系统逻辑架构

如图 2.47 所示的系统逻辑架构图是从不同角度来划分的。上层从应用程序的角度定义了标准的 gRPC 接口，在接口的基础之上封装了不同语言的 SDK，包括 Golang、NodeJs、Java、Python 等，开发人员可以利用 SDK 开发基于区块链的应用。区块链强一致性要求，各个节点达成共识需要较长的执行时间，应用程序也是采用异步通信的模式进行开发的，事件模块可以在触发区块事件或者链码事件的时候执行预先定义的回调函数。事实上，可以从应用程序和底层的角度分析应该关注的几个要素。

Hyperledger Fabric 的四大核心组件如下。

（1）成员服务（Membership Service）。成员服务管理保证了 Hyperledger Fabric 平台访问的安全性，提供了成员的注册、管理及审核功能。

（2）共识服务（Consensus Service）。区块链的核心部分，为区块链的主体功能提供了底层支撑，包括分布式账本实现、排序服务、交易的背书及网络中各节点之间的通信实现。

①区块链（Block Chain）。区块之间以 Hash 连接为结构的交易日志。Peer 节点从 Order Service 节点接收交易区块，并根据背书策略和并发冲突标记区块上的交易是否有效，然后将该区块追加到 Peer 文件系统中的 Hash Chain 上。

②交易（Transaction）。交易分为对链码的部署和调用两种操作类型。

a. 部署交易：部署是请求在 Peer 上启动链码容器；创建新的链码并设置一个程序作

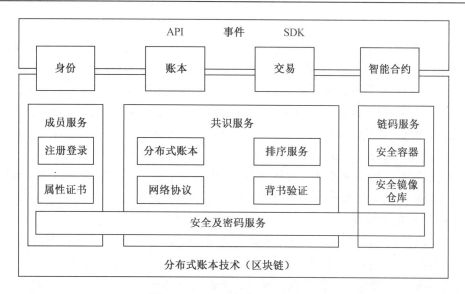

图 2.47 Fabric 系统逻辑架构图

为参数。一个部署交易执行成功,表明链码已被成功安装到区块链上。

b. 调用交易:调用是从账本中请求读写集,是在之前已部署链码的情况下执行一个操作。调用交易将使用链码提供的一个函数。当成功时,链码执行特定的函数对账本数据进行操作(修改状态),并返回操作结果。

(3)链码服务(Chaincode Service)。提供链码(Chaincode)的部署及运行时所需的环境。

(4)安全及密码服务(Security and Cipher Service)。为各组件之间的异步通信提供安全的技术实现。

①应用程序角度。

a. 身份管理。用户登记注册成功后,获取到用户注册证书(E Cert),其他所有的操作都需要与用户证书关联的私钥进行签名,消息接收方首先会进行签名验证,再进行后续的消息处理。网络节点同样会用到颁发的证书,比如系统启动和网络节点管理等都会对用户身份进行认证和授权。

b. 账本管理。授权的用户是可以查询账本数据(Ledger)的,这可以通过多种方式进行查询,包括根据区块号查询区块、根据区块哈希查询区块、根据交易号查询区块、根据交易号查询交易,还可以根据通道名称获取查询到的区块链信息。

c. 交易管理。账本数据只有通过交易执行才能更新,应用程序通过交易管理提交交易提案(Proposal)并获取到交易背书(Endorsement)以后,再给排序服务节点提交交易,然后打包成区块。SDK 提供接口,利用用户证书生成交易号,背书节点和记账节点都会校验是否存在重复交易。

d. 智能合约。实现可编程的账本(Programmable Ledger),通过链码执行提交的交易,实现基于区块链的智能合约业务逻辑。只有智能合约才能更新账本数据,其他模块是不能直接修改状态数据(World State)的。

②底层角度。

a.成员管理。MSP(Membership Service Provider)对成员管理进行了抽象,每个MSP都会建立一套根信任证书(Root of Trust Certificate)体系,利用PKI(Public Key Infrastructure)对成员身份进行认证,验证成员用户提交的签名。结合Fabric-CA或者第三方CA系统,提供成员注册功能,并对成员身份证书进行管理,例如证书新增与撤销。证书包括注册证书(E Cert)、交易证书(T Cert)和TLS证书(TLS Cert),分别用于用户身份、交易签名和TLS传输。

b.共识服务。在分布式节点环境下,要实现同一个链上不同节点区块的一致性,同时要确保区块里的交易有效和时序。共识机制分3个阶段完成:客户端向背书节点提交提案并进行签名背书、客户端将背书后的交易提交给排序服务节点进行交易排序、生成区块后广播给记账节点,验证交易后写入本地账本。网络节点的P2P协议采用的是基于Gossip的数据分发,以同一组织为传播范围来同步数据,提升网络传输的效率。

c.链码服务。智能合约的实现依赖于安全的执行环境,确保安全的执行过程和用户数据的隔离。Hyperledger Fabric采用Docker管理普通的链码,提供安全的沙箱环境和镜像文件仓库。其好处是容易支持多种语言的链码,拓展性很好。Docker方案也有自身的问题,比如对环境的要求较高、占用资源较多、性能不高等,实现过程也存在与Kubernetes、Rancher等平台兼容的问题。

d.安全和密码服务。安全问题是企业级区块链关心的问题,尤其在国家安全的项目中。其中底层的密码学支持尤其重要,Fabric专门定义了一个BCCSP(Block Chain Cryptographic Service Provider),使其实现密钥生成、哈希算法、签名验签、加密解密等基础功能。BCCSP是一个抽象的接口,默认是软实现的国际算法,目前社区和较多的厂家都在实现国密的算法和HSM(Hardware Security Module)。

4.Fabric的网络节点架构(图2.48)

节点是区块链的通信主体,是一个逻辑概念。多个不同类型的节点可以运行在同一物理机器上。主要有:客户端、Peer节点、排序节点、CA节点等。

(1)客户端。

客户端的主要作用是与Fabric系统交互,实现对区块链系统的操作。这些操作分为管理类和链码类两种。管理类包括启停节点和配置网络等;链码类操作主要是链码的生命周期管理,如安装、实例化以及调用链码。最常用的客户端是命令行客户端(CLI),此外是用Fabric SDK开发的应用客户端。用户通过不同的客户端使用Fabric系统的功能。

(2)Peer节点。

Peer节点是区块链去中心化网络中的对等节点,按照功能主要分为背书节点(Endorser)和确认节点(Committer)。背书节点的主要对交易预案进行校验、模拟执行和背书。确认节点主要负责检验交易的合法性,并更新和维护区块链数据和账本状态。在实际部署中,背书节点和确认节点既可以部署在同一物理节点上,也可以分开部署。

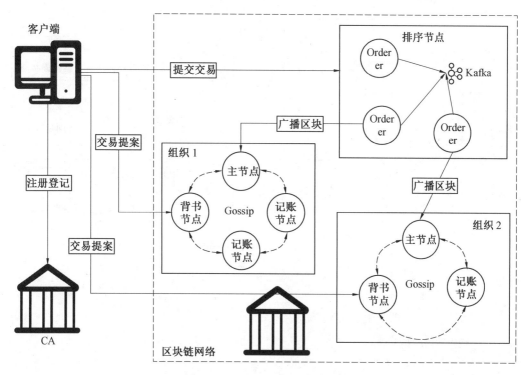

图 2.48 Fabric 的网络节点架构

(3)排序节点。

排序节点的主要职责是对各个节点发来的交易进行排序。在并发的情况下,各个节点交易的先后时序需要通过排序节点来确定并达成共识。排序节点按照一定规则确定交易顺序之后,发给各个节点把交易持久化到区块链的账本中。排序节点支持互相隔离的多个通道,使得交易只发送给相关的节点(Peer)。

(4)CA 节点。

CA 节点主要给 Fabric 网络中的成员提供基于数字证书的身份信息,可以生成或取消成员的身份证书(Certificate)。在成员身份明确的基础上,Fabric 可以实现权限控制的管理。

Fabric 网络的组件往往归属于不同的组织,在组织之间形成对等的去中心化网络。每个组织通常拥有自己的客户端、网络节点和 CA 节点,并且可以根据需要创建一个或多个不同的类型节点。排序节点不属于某个组织的实体,而属于组织共同维护的组件。

(5)典型的交易流程(图 2.49)。

区块链技术最重要的特征就是能保证实现安全的交易。Hyperledger Fabric 与公有链的交易实现又有很大的区别,如权限、认证、数据隔离等。Fabric 中的所有交易都通过 Chaincode 执行。

完整的交易流程解释如下。

Step1:

应用程序使用相应的 SDK(Node、Java、Python)提供的 API 构建交易提案并提交给

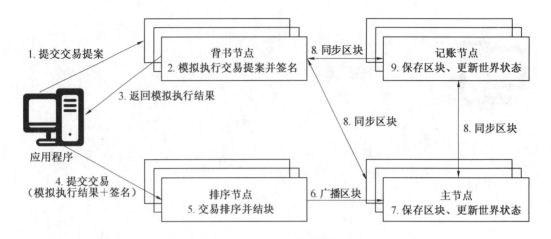

图 2.49 典型交易流程图

相应的背书节点,交易提案中包含以下内容。

①ChannelID:通道信息。

②ChaincodeID:要调用的链码信息。

③Timestamp:时间戳。

④Sign:客户端的签名。

⑤Tx Payload:提交的事务本身包含的内容。

⑥Operation:要调用的链码的函数及相应的参数。

⑦Metadata:调用的相关属性。

Step2:

背书节点对接收到的交易提案请求进行验证。

①交易提案格式是否正确。

②交易在之前并未提交过(重复性攻击保护)。

③提交交易提案的客户端签名是否有效(使用 MSP)。

④提交交易提案的请求者是否在该通道中有相应的执行权限。

验证通过后调用链码进行模拟执行,产生包括响应值、读集和写集的事务结果。对结果进行背书并响应给客户端。此时的调用链码是模拟执行,不会对账本中的数据进行真正意义上的更改。

Step3:

应用程序收集到足够的消息和背书签名之后,构建合法的交易请求并将交易请求广播给 Ordering 服务节点。如果应用程序的请求仅仅是查询分类账,则应用程序将检查查询响应信息,并且不会将事务提交给 Ordering 服务。如果客户端应用程序的请求是更新分类账本数据,则会将事务提交给 Ordering 服务以继续下一步的操作,并且应用程序在提交事务之前检查确定请求是否已满足指定的认可策略(即指定的背书节点都认可)。

Step4:

交易请求被提交到 Ordering 服务节点,该事务将包含读/写集,背书签名和通道 ID;

Orderer 节点接收到事务请求之后,并不需要检查交易中的具体数据,它只是从网络中的所有通道接收交易,按时间顺序对它们进行排序,并创建交易区块。之后广播给同一通道内所有组织的 Leader 节点。

Step5:

Leader 节点对接收到的区块进行验证(交易消息结构是否正确、是否重复、是否有足够的背书、读写集版本),通过验证后将结果写入到本地的分类账本中。

Step6:

Leader 节点同步广播给组织内的其他节点(保证在同一通道内的)。

Step7、8、9:

分布式账本更新。每个 Peer 节点将区块附加到区块链中,并被提交到当前的状态数据库中。并且对于每个有效的事务,发出一个事件,通知客户端应用程序事务(调用)已被不可变附加到链中,以及通知该事务是否经过验证或为无效事务。

(三)Fabric 的核心概念

1. 基础知识

(1)Chaincode(智能合约)。每个 Chaincode 可提供多个不同的调用命令。

(2)Transaction(交易)。每条指令都是一次交易。

(3)World State。对同一个 Key 的多次交易形成的最终 Value,就是世界状态。

(4)Endorse(背书)。金融上的意义为:持票人为将票据权利转让给他人或者将一定的票据权利授予他人行使,而在票据背面或者粘贴单上记载有关事项并签章的行为。通常我们引申为对某个事情负责。在我们的共识机制的投票环节里,背书意味着参与投票。

(5)Endorsement Policy(背书策略)。由智能合约 Chaincode 选择哪些 Peer 节点参与背书环节。

(6)Peer。存放区块链数据的节点,同时还有 Endorse 和 Commit 功能。

(7)Channel(私有的子网络)。事实上是为了隔离不同的应用,一个 Channel 可含有一批 Chaincode。

(8)PKI(Public Key Infrastructure)。一种遵循相关标准的利用公钥加密技术为电子商务的开展提供一套安全基础平台的技术和规范。

(9)MSP(Membership Service Provider,联盟链成员的证书管理)。它定义了哪些 RCA 以及 ICA 在链里是可信任的,包括定义了 Channel 上的合作者。

2. 开发概念(图 2.50)

从开发层级来看,Fabric 的开发人员主要分为三类:底层是系统运维,负责系统的部署与维护;其次是组织管理人员,负责证书、MSP 权限管理,共识机制等;最后是业务开发人员,负责编写 Chaincode、创建和维护 Channel、执行 Transaction 交易等。

特别需要提到的是,每个管理协作企业的 ORG 组织都可以拥有自己的 MSP。MSP 出现在两个地方:在 Channel 上有一个全局的 MSP,而每个 Peer、Orderer、Client 等角色上都维护有本地的局部 MSP。

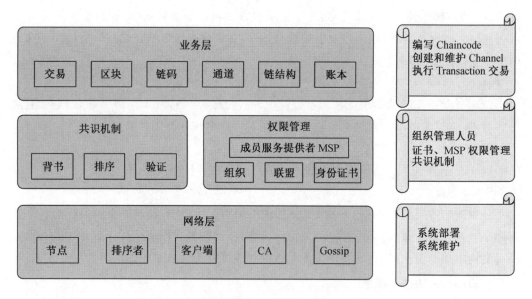

图 2.50 开发层级概念图

从开发模块来看,大致可分为底层的网络层、权限管理模块、区块链应用模块,通过 SDK 和 CLI 为应用开发者提供服务(图 2.51)。

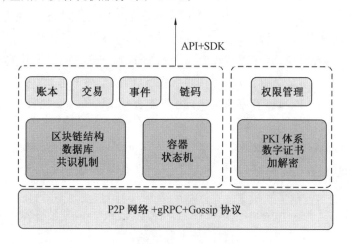

图 2.51 开发模块

区块链无法与外部网络环境直接进行数据交互,因此需要基于 gRPC 网络开发相对应的 SDK 接口。大多数情况下,区块链对外展示是通过调用 SDK 的 API 进行访问。

从开发流程来看,主要包括:智能合约的编写、SDK 调用智能合约、各类事件的订阅。

应用程序在集成 SDK 后,通过调用智能合约的 Invoke(对于增、删、改操作)和 Query 方法,实现相关的业务操作(图 2.52)。

3.分布式账本

区块链是一种按照时间顺序将数据区块以顺序相连的方式组合成的一种链式数据结构(图 2.53),它由多个区块构成了一个有时序的链表,每个区块中含有多条交易。

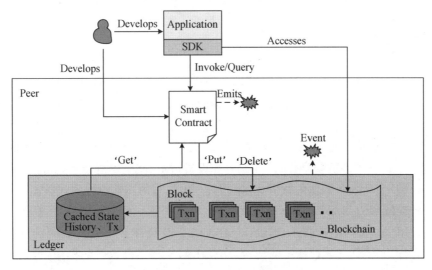

图 2.52 开发流程

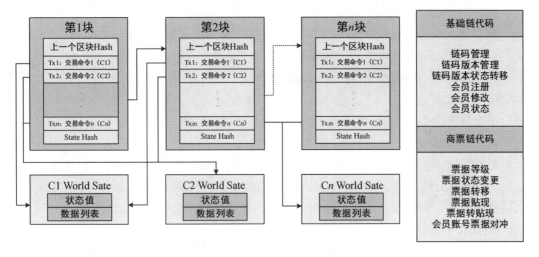

图 2.53 分布式账本数据结构示意图

分布式账本包含以下元素。

(1)账本编号。

账本编号(LedgerID)的数据存储在 LevelDB 中,记录了有哪些账本以及其全局唯一的编号。

(2)账本数据。

账本数据(Ledger)以二进制文件的格式进行保存,每个账本数据保存在不同的目录下。账本数据的存储并没有使用数据库,而是采用基于文件的系统。所以,它的所有操作都是通过区块文件管理器实现的。

Committer 节点负责维护节点本地的账本数据,通过 Gossip 模块从排序服务接收到区块后,保存区块并建立区块的索引,然后保存到数据库中。

(3)区块索引。

类似于数据库的索引,主要是为了快速且高效地查询。

(4)状态数据。

状态数据记录的是交易执行的结果,最新的状态代表了 Channel 上所有键的最新值,所以称为 World State。为了提高链码执行的效率,所有键的最新值都存储到状态数据库中。

对于状态数据库本身插件化的设计,目前支持 LevelDB 和 CouchDB。LevelDB 和 CouchDB 都支持基本的链码操作,比如获取和设置键值、基于键进行查询等。

①LevelDB。Fabric 默认的数据库,采用 C++编写的高性能嵌入式数据库。其基本操作是基于键值对的 NoSQL 数据库。

②CouchDB。文档型数据库,提供 Restful 的 API 操作。CouchDB 中的文档是无模式的,并不要求文档具有某种特定的结构,支持 JSON 和字节数组的操作,可以支持复杂的查询。

(5)历史数据。

历史数据记录了每个状态数据的历史信息,可用于区块提交的恢复。

区块的提交过程有以下 3 个步骤。

①先保存区块到文件存储的账本数据中。

②更新状态数据。

③更新历史信息数据。

4.多链多通道

链由 1 个通道、1 个共享账本和 N 个 Peer 节点组成;不同的链将参与者和数据(包含 Chaincode)进行隔离。在由多个 Peer 节点组成的网络中,不同的 Peer 节点加入到不同的应用通道中,便产生了多个不同的链,真正实现了对数据的隔离(图 2.54)。

加入到同一个应用通道中的 Peer 节点共同维护相同的区块数据,与加入其他应用通道的 Peer 节点相互隔离,也就意味着不能访问其他应用通道中 Peer 节点的数据,有效保护了隐私数据,并且提高了对数据的并行处理效率及对数据存储空间的利用。

Hyperledger Fabric 架构使用具有保证发布-订阅模式的消息传递通道(如 Kafka 中的主题分区)将共识服务与交易日志(账本)分离。共识服务由称为 Orderers 的网络节点提供,并且账本由 Peer 节点管理。

每个 Peer 节点连接到共识服务的一个或多个通道,就像发布-订阅通信系统中的客户端一样。在通道上广播的交易按共识的顺序排列(如 PBFT、Kafka),订阅通道的 Peer 节点接收到加密的区块。每个 Peer 节点验证区块并将其提交到账本,然后向应用程序提供其他使用账本的服务。

在共识服务上支持多通道消息传递,使得 Peer 节点可以基于应用访问控制策略来订阅任意数量的通道;也就是说,应用程序指定在 Peer 节点的子集中架设通道。这些 Peer 组成提交到该通道交易的相关者集合,而且只有这些 Peer 可以接收包含相关交易的区块,与其他交易完全隔离。此外,Peers 的子集将这些私有块提交到不同的账本上,允许

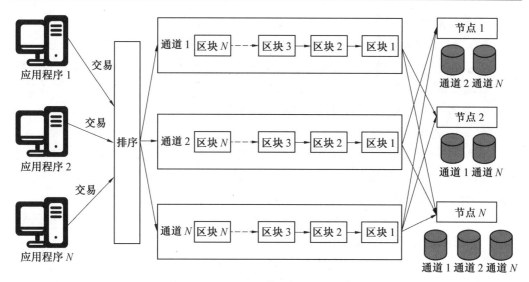

图 2.54 多链多通道结构图

它们保护这些私有交易,与其他 Peers 子集的账本隔离开来。应用程序根据业务逻辑决定将交易发送到 1 个或多个通道。这不是内置的限制,区块链网络不知道并假设不同通道上的交易之间没有关系。

通道和账本的组合是一个虚拟链,因此一个区块链网络可以具有 1 个共识服务的多个链。系统通道和全账本构成系统链。每个区块链网络只有 1 个系统链。如果交易是公开的,区块链网络可能永远不需要多个链;所有的交易对所有 Peers 成员都可见。然而,在成员间进行私密交易(例如双边合同),单独的链是隔离数据、提供保密的方式。

当前的 Fabric 共识服务实现中,通道是隐含的;当 Peer 连接至区块链网络时,不会指定一个通道。所以为了支持多渠道,Orderer 和 Peer 都需要改变。Orderer 必须提供多通道订阅,Peer 需要知道可以订阅哪些频道。以下为技术细节。

(1)引导。

共识服务由 1 个或多个 Orderers 组成。每个 Orderer 配置有匹配的创世区块,其由引导 CLI 命令生成,提供了一些必要的数据,包括一系列可信根节点的列表、Order 证书和 IP 地址的列表,以及一组特定的共识算法配置和访问控制策略(谁可以创建信道)。要启动并连接到共识服务,Peer 至少需要以下配置。

①准入网络的注册证书。证书可以来自任意 CA,只要 CA 是 Peer 将连接到的共识服务的可信根的一部分。

②来自共识服务管理 CLI 生成的 Orderer 证书和 IP 地址的列表。

③可信根节点列表。

④Peer 可以订阅的通道可选列表。除非明确配置,否则 Peer 在启动时不订阅任何通道。

通过 CLI 或使用 SDK API 的应用程序,Peer 可以订阅已经存在的通道。Order 通过在通道创建或重新配置期间收到的消息决定谁可以加入通道。

(2)创建通道。

可以通过发送通道配置事务和参与成员证书列表到共识服务来创建通道。

应用程序决定哪些成员创建通道。成员证书在 Peers 之间是公开的,且能被查询到。通道中成员间的共识的达成,为了避免在 Orderer 处理过程中的麻烦,不需要使用 Chaincode 类型的交易背书,直接使用通道配置事务即可。

(3)关闭通道。

应用程序可以通过发送类似于创建通道的配置交易来关闭其创建的通道。它需要根据应用程序设置的策略从通道参与方得到背书。Peer 不会自动销毁相关的账本,但是裁剪进程会在适当的时候处理。

应用程序可以继续从已关闭的账本中读取数据,只要该账本尚未被删除,但由于通道已被销毁,因此不能再执行交易。

(4)查询通道。

通道只能被该通道的成员查询。也就是说,交易发起方的签名能够被存储在账本配置区块中的 CA 证书验证通过。这是通过发起一个查询交易到 CSCC,同时附上链的 ID,返回的结果是一个配置区块,里面包含了成员证书和一些其他的配置信息。

(5)链上的交易。

一个交易必须包含目标的链 ID(链 ID = 通道 ID = 账本 ID)。共识服务把交易放置在由链 ID 标识的指定通道上,并且在该通道内被排序,而与其他通道上的交易无关。最终在该通道上产生一个包含交易的区块并发送到订阅了该通道的那些 Peer。

每个链都是独立和并行的,因此一个 Peer 可以同时接收和处理不同链上的区块。Chaincode 事务只能操作指定链中的状态变量(类似于对对象的实例变量操作的函数)。

(6)链上的 Chaincode。

Chaincode 被部署到链上并只能在这个链上被调用。有些应用场景,我们要从另一个链调用数据,修改自己的链或其他链的状态值。当我们需要一个 Chaincode 只部署一次但是可以在任何链上被调用的时候,跨链调用就变得特别有用。

### 三、Fisco Bcos

#### (一)基本介绍

Fisco Bcos 是一个区块链底层平台,由金融区块链合作联盟(深圳)(以下简称金链盟)开源工作组以金融业务实践为参考样本,在 Bcos 开源平台基础上进行模块升级与功能重塑。其特点是深度定制的安全可控,适用于金融行业且完全开源。

目前,Fisco Bcos 单链性能达到万级 Tps。通过提供易用的工具,开发者可在极短时间内搭建联盟链,并基于智能合约和多种业务模板开发应用。同时,Fisco Bcos 采用权限控制、隐私保护等策略保护业务安全和隐私,可满足包括金融业在内的广泛行业对区块链解决方案的诉求。

基于 Fisco Bcos 搭建的应用有数百个,投产上线的有数十个,场景覆盖政务、金融、公益、医疗、教育、交通、版权、商品溯源、供应链、招聘、农业、社交、游戏等多个领域。

Fisco Bcos 采用联盟链的技术架构,以满足分布式商业场景中合法合规地进行多方对等协作为目标,兼顾金融创新与金融稳定,融汇吸收了分布式架构、分布式存储、点对点网络协议、加密算法、共识算法、智能合约以及虚拟机等多类技术,具备高性能、安全可控、功能丰富等优势,为开展区块链应用提供可靠的基础设施。

Fisco Bcos 平台基于价值联盟、安全可信、业务可行、自主可控、高效可用、智能监管、灵活配置七大理念进行设计。针对联盟链商业级生产面临的"高安全性、高性能、高可用性、业务落地、合法合规"提供以下解决方案。

(1)在安全性方面,Fisco Bcos 通过节点准入控制、可靠的密钥管理、灵活的权限控制,在应用、存储、网络、主机层实现全面的安全保障。

(2)在性能优化方面,Fisco Bcos 优化网络通信模型,采用拜占庭容错的共识机制,结合多链架构和跨链交互方案,解决并发访问和热点账户的性能痛点,从而满足金融级高频交易场景需求。

(3)在可用性方面,Fisco Bcos 设计为 $7\times24$ 小时运行,达到金融级高可用性。通过简化建链过程、适应多种环境的部署方式、全局配置更新实现了高可用性。

(4)在业务落地方面,Fisco Bcos 提供各种开发接口,方便程序员编写和调用智能合约。

(5)在监管方面,Fisco Bcos 支持监管和审计机构作为观察节点加入联盟链,获取实时数据进行监管审计。

**(二)设计理念与架构**

1. Fisco Bcos 的设计理念

在 Fisco Bcos 2.0 中,创新性提出"一体两翼多引擎"架构,实现系统吞吐能力的横向扩展,大幅提升性能,在安全性、可运维性、易用性、可扩展性上,均具备行业领先优势。

(1)群组架构。

群组架构是 Fisco Bcos 2.0 众多新特性中的主线,创造灵感来源于人人都熟悉的群聊模式——群的建立非常灵活,几个人就可以快速拉个主题群进行交流。同一个人可以参与到自己感兴趣的多个群里,并行地收发信息。现有的群也可以继续增加成员。

采用群组架构的网络中,根据业务场景的不同,可存在多个不同的账本,区块链节点可以根据业务关系选择群组加入,参与到对应账本的数据共享和共识过程中。该架构的特点如下。

①各群组独立执行共识流程,由群组内参与者决定如何进行共识,一个群组内的共识不受其他群组影响,各群组拥有独立的账本,维护自己的交易事务和数据,使得各群组之间解除耦合独立运作,可以达成更好的隐私隔离。

②机构的节点只需部署一次,通过群组设置即可参与到不同的多方协作业务中,或将一个业务按用户、时间等维度分到各群组,群组架构可快速地平行扩展,在扩大了业务规模的同时,极大地简化了运维复杂度,降低了管理成本。

(2)分布式存储。

Fisco Bcos 2.0 新增了对分布式数据存储的支持,节点可将数据存储在远端分布式系统中,克服了本地化数据存储的诸多限制。该方案有以下优点。

①支持多种存储引擎,选用高可用的分布式存储系统,可以支持数据简便快速地扩容。

②将计算和数据隔离,节点故障不会导致数据异常。

③数据在远端存储,数据可以在更安全的隔离区存储,这在很多场景中非常有意义。

④分布式存储不仅支持 Key－Value 形式,还支持 SQL 方式,使得业务开发更为简便。

⑤世界状态的存储从原来的 MPT 存储结构转为分布式存储,避免了世界状态急剧膨胀导致性能下降的问题。

⑥优化了数据存储的结构,更节约存储空间。

(3)并行计算模型。

过去将交易打包成一个区块,在一个区块中交易顺序串行执行的做法,在 Fisco Bcos 2.0 中,会通过一套并行交易处理模型实现自定义交易互斥变量。区块执行过程中,系统将会根据交易互斥变量自动构建交易依赖关系图——DAG,基于 DAG 并行执行交易,最好情况下性能可提升数倍(取决于 CPU 核数)。

(4)预编译合约。

Fisco Bcos 2.0 提供预编译合约框架,支持采用 C++编写合约,其优势是合约调用响应更快,运行速度更快,消耗资源更少,更易于并行计算,极大提升整个系统的效率。Fisco Bcos 内置了多个系统级的合约,提供准入控制、权限管理、系统配置、Crud 式的数据存取等功能,这些功能天然集成在底层平台里,无须手动部署。

Fisco Bcos 提供标准化接口和示例,帮助用户进行二次开发,便于用户编写高性能的业务合约,并方便地部署到 Fisco Bcos 里运行。预编译合约框架兼容 Evm 引擎,形成了"双引擎"架构,熟悉 Evm 引擎的用户可以选择将 Solidity 合约和预编译合约结合,在满足业务逻辑的同时获得巨大的效率提升。

(5)Crud 合约。

Fisco Bcos 2.0 新增符合 Crud 接口的合约接口规范,简化了将主流的面向 SQL 设计的商业应用迁移到区块链上的成本。其优势如下。

①与传统业务开发模式类似,降低了合约开发学习成本。

②合约只需关心核心逻辑,存储与计算分离,方便合约升级。

③Crud 底层逻辑基于预编译合约实现,数据存储采用分布式存储,效率更高。

(6)控制台。

Fisco Bcos 2.0 新增控制台,作为 Fisco Bcos 2.0 的交互式客户端工具。

控制台安装简单便捷,简单配置后即可和链节点进行通信,拥有丰富的命令和良好的交互体验,用户可以通过控制台查询区块链状态、读取和修改配置、管理区块链节点、部署并调用合约。控制台给用户管理、开发、运维区块链带来了巨大的便利,降低了操作烦琐性和使用门槛。

2. Fisco Bcos 整体架构(图 2.55)

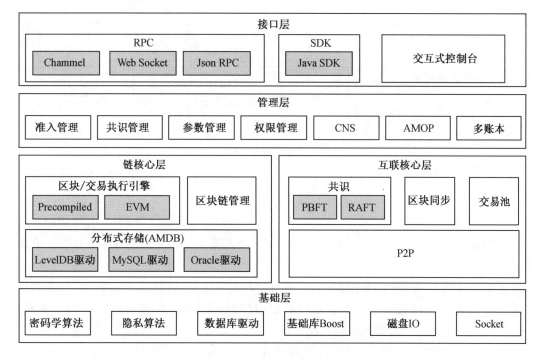

图 2.55 Fisco Bcos 整体架构

整体架构上,Fisco Bcos 划分成基础层、核心层、管理层和接口层。

(1)基础层。提供区块链的基础数据结构和算法库。

(2)核心层。实现了区块链的核心逻辑,核心层分为两大部分。

①链核心层。实现区块链的链式数据结构、交易执行引擎和存储驱动。

②互联核心层。实现区块链的基础 P2P 网络通信、共识机制和区块同步机制。

(3)管理层。实现区块链的管理功能,包括参数配置、账本管理和 AMOP。

(4)接口层。面向区块链用户,提供多种协议的 RPC 接口、SDK 和交互式控制台。

Fisco Bcos 提升平台性能,增强用户体验,主要体现在以下几个方面。

(1)架构方面。实现群组架构实现动态管理,实现跨群组通信协议,分离网络、存储、计算服务,实现微服务化的可扩展架构。

(2)性能方面。进行并行化、流水线化的升级处理,重点解决存储、签名验签等方面的瓶颈,引入硬件加速等方式进行提速。

(3)体验方面。实现简便的群组管理、数据管理、密钥管理等功能,提供平台化的区块链管理方案。

(4)安全和隐私保护方面。将会提供增强型虚拟机、MPC 套件等功能,以支持各种复杂的商业落地场景。

群组架构如图 2.56 所示。

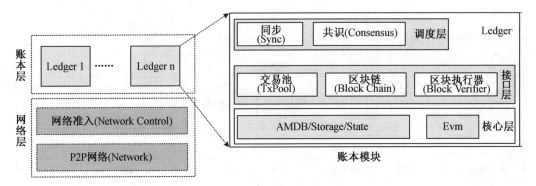

图 2.56 群组架构

考虑到真实的业务场景需求,Fisco Bcos 引入多群组架构,支持区块链节点启动多个群组,群组间交易处理、数据存储、区块共识相互隔离,保障区块链系统隐私性的同时,降低了系统的运维复杂度。

多群组架构中,群组间共享网络,通过网络准入和账本白名单实现各账本间网络消息隔离。

群组间数据隔离,每个群组独立运行各自的共识算法,不同群组可使用不同的共识算法。每个账本模块自底向上主要包括核心层、接口层和调度层三层,这三层相互协作,Fisco Bcos 可保证单个群组独立健壮地运行。

核心层负责将群组的区块数据、区块信息、系统表以及区块执行结果写入底层数据库。

存储分为世界状态(State)和分布式存储(AMDB)两部分,世界状态包括 MPT State 和 Storage State,负责存储交易执行的状态信息,Storage State 性能高于 MPT State,但不存储区块历史信息;AMDB 则向外暴露简单的查询(Select)、提交(Commit)和更新(Update)接口,负责操作合约表、系统表和用户表,具有可插拔特性,后端可支持多种数据库类型,目前支持 Rocks DB 数据库和 MySQL Storage(图 2.57)。

(1)Node(区块节点)。

(2)TxPool(交易池,节点自身维护的、用于暂存收到的交易的内存区域)。

(3)Sealer(打包器)。

(4)Consensus Engine(共识引擎)。

(5)Block Verifier(区块验证器,用于验证一个区块的正确性)。

(6)Executor(执行引擎,执行单个交易)。

(7)Block Chain(区块链管理模块,是唯一有写权限的模块,提交区块接口需要同时传入区块数据和执行上下文数据,区块链管理将两种数据整合成一个事务提交到底层存储)。

(8)Storage(底层存储)。

用户通过 SDK 或 Curl 命令向节点发起 RPC 请求以发起交易,节点收到交易后将交易附加到交易池中,打包器不断从交易池中取出交易并通过一定条件触发将取出交易打

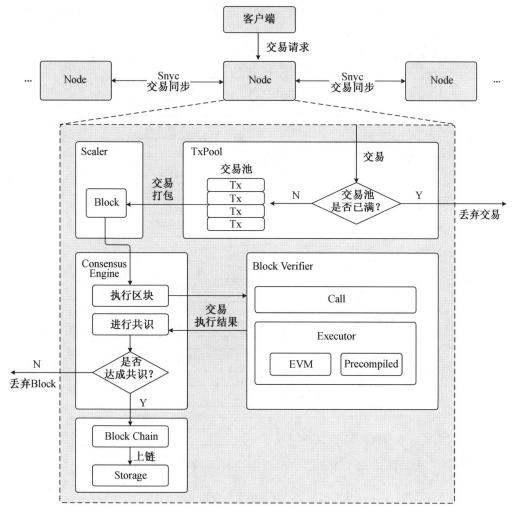

图 2.57 交易流

包为区块。生成区块后,由共识引擎进行验证及共识,验证区块无误且节点间达成共识后,将区块上链。当节点通过同步模块从其他节点处下载缺失的区块时,会同样对区块进行执行及验证。

这一过程中,体现的主要关系如下。

(1)用户通过操作 SDK 或直接编写 Curl 命令向所连接的节点发起交易。节点收到交易后,若当前交易池未满则将交易附加至 TxPool 中并向自己所连的节点广播该交易;否则丢弃交易并输出告警。

(2)Sealer 会不断从交易池中取出交易,并立即将收集到的交易打包为区块并发送至共识引擎。

(3)共识引擎调用 Block Verifier 对区块进行验证并在网络中进行共识,Block Verifier 调用 Executor 执行区块中的每笔交易。当区块验证无误且网络中节点达成一致后,共识引擎将区块发送至 Block Chain。

(4)Block Chain 收到区块,对区块信息(如块高等)进行检查,并将区块数据与表数据写入底层存储中,完成区块上链。

3.区块链交易流程(图2.58)

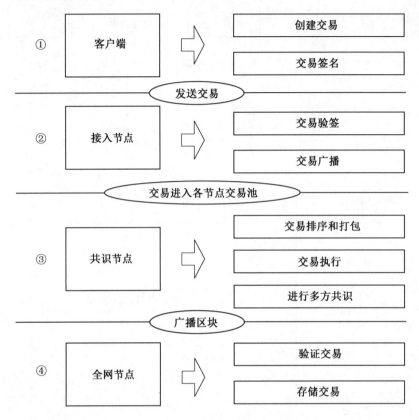

图2.58 区块链交易流程

交易——区块链系统的核心,负责记录区块链上发生的一切。区块链引入智能合约后,交易便超脱"价值转移"的原始定义,其更加精准的定义应该是区块链中一次事务的数字记录。无论大小事务,都需要交易的参与。

交易的一生,贯穿下图所示的各个阶段。接下来将梳理交易的整个流转过程,一窥Fisco Bcos交易完整生命周期。

(1)交易生成。

用户的请求给到客户端后,客户端会构建出一笔有效交易,交易中包括以下关键信息。

①发送地址:即用户自己的账户,用于表明交易来自何处。

②接收地址:Fisco Bcos中的交易分为两类,一类是部署合约的交易,一类是调用合约的交易。前者,由于交易并没有特定的接收对象,因此规定这类交易的接收地址固定为0x0;后者,则需要将交易的接收地址置为链上合约的地址。

③交易相关的数据:一笔交易往往需要一些用户提供的输入来执行用户期望的操作,

这些输入会以二进制的形式被编码到交易中。

④交易签名：为了表明交易确实是由自己发送，用户会向 SDK 提供私钥来让客户端对交易进行签名，其中私钥和用户账户是一一对应的关系。

之后，区块链客户端会再向交易填充一些必要的字段，如用于防交易重放的交易 ID 及 Block Limit。交易构造完成后，客户端随后便通过 Channel 或 RPC 信道将交易发送给节点。

(2) 交易池。

区块链交易被发送到节点后，节点会通过验证交易签名的方式来验证一笔交易是否合法。若一笔交易合法，则节点会进一步检查该交易是否重复出现过，若从未出现过，则将交易加入交易池缓存起来。若交易不合法或交易重复出现，则将直接丢弃交易。

(3) 交易广播。

节点在收到交易后，除了将交易缓存在交易池外，节点还会将交易广播至该节点已知的其他节点。

为了能让交易尽可能到达所有节点，其他收到广播过来的交易节点，也会根据一些精巧的策略选择一些节点，将交易再一次进行广播，比如：对于从其他节点转发过来的交易，节点只会随机选择 25% 的节点再次广播，因为这种情况一般意味着交易已经开始在网络中被节点接力传递，缩减广播的规模有助于避免因网络中冗余的交易太多而出现的广播风暴问题。

(4) 交易打包。

为了提高交易处理效率，同时也为了确定交易之后的执行顺序保证事务性，当交易池中有交易时，Sealer 线程负责从交易池中按照先进先出的顺序取出一定数量的交易，组装成待共识区块，随后待共识区块会被发往各个节点进行处理。

(5) 交易执行。

节点在收到区块后，会调用区块验证器把交易从区块中逐一拿出来执行。如果是预编译合约代码，验证器中的执行引擎会直接调用相应的 C++ 功能，否则执行引擎就会把交易交给 EVM(以太坊虚拟机)执行。

交易可能会执行成功，也可能因为逻辑错误或 Gas 不足等原因执行失败。交易执行的结果和状态会封装在交易回执中返回。

(6) 交易共识。

区块链要求节点间就区块的执行结果达成一致才能出块。Fisco Bcos 中一般采用 PBFT 算法保证整个系统的一致性，其大概流程是：各个节点先独立执行相同的区块，随后节点间交换各自的执行结果，如果发现超过 2/3 的节点都得出了相同的执行结果，那说明这个区块在大多数节点上取得了一致，节点便会开始出块。

(7) 交易落盘。

在共识出块后，节点需要将区块中的交易及执行结果写入硬盘永久保存，并更新区块高度与区块哈希的映射表等内容，然后节点会从交易池中剔除已落盘的交易，以开始新一轮的出块流程。用户可以通过交易哈希等信息，在链上的历史数据中查询自己感兴趣的交易数据及回执信息。

(三)Fisco Bcos 核心模块设计

1.共识框架(图 2.59)

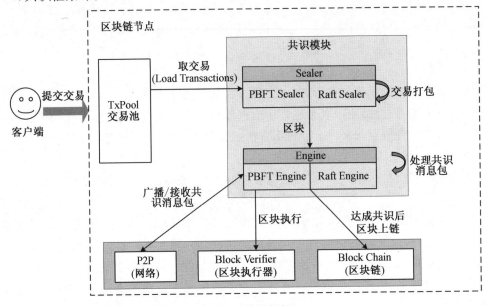

图 2.59 共识框架

Fisco Bcos 实现了一套可扩展的共识框架,可插件化扩展不同的共识算法,目前支持 PBFT(Practical Byzantine Fault Tolerance)和 Raft(Replication and Fault Tolerant)共识算法。

(1)Sealer 线程。

交易打包线程,负责从交易池取交易,并基于节点最高块打包交易,产生新区块,产生的新区块交给 Engine 线程处理,PBFT 和 Raft 的交易打包线程分别为 PBFT Sealer 和 Raft Sealer。

(2)Engine 线程。

共识线程,负责从本地或通过网络接收新区块,并根据接收的共识消息包完成共识流程,最终将达成共识的新区块写入区块链(Block Chain),区块上链后,从交易池中删除已经上链的交易,PBFT 和 Raft 的共识线程分别为 PBFT Engine 和 Raft Engine。

2.智能合约(图 2.60)

交易的执行是区块链节点上的一个重要的功能。交易的执行,是把交易中的智能合约二进制代码取出来,用执行器(Executor)执行。共识模块(Consensus)把交易从交易池(TxPool)中取出,打包成区块,并调用执行器去执行区块中的交易。在交易的执行过程中,会对区块链的状态(State)进行修改,形成新区块的状态储存下来(Storage)。执行器在这个过程中,类似于一个黑盒,输入是智能合约代码,输出是状态的改变。

随着技术的发展,人们开始关注执行器的性能和易用性。一方面,人们希望智能合约

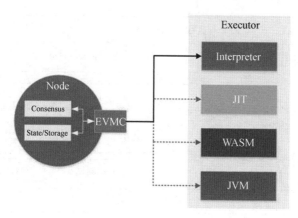

图 2.60 智能合约

在区块链上能有更快的执行速度,满足大规模交易的需求。另一方面,人们希望能用更熟悉更好用的语言进行开发。进而出现了一些替代传统的执行器(EVM)的方案,如:JIT、WASM 甚至 JVM。然而,传统的 EVM 是耦合在节点代码中的。首先要做的,是将执行器的接口抽象出来,兼容各种虚拟机的实现。因此,EVMC 被设计出来。

在节点上,共识模块会调用 EVMC,将打包好的交易交由执行器执行。执行器执行时,对状态进行的读写,会通过 EVMC 的回调反过来操作节点上的状态数据。

经过 EVMC 一层的抽象,Fisco Bcos 能够对接今后出现的更高效、易用性更强的执行器。目前,Fisco Bcos 采用的是传统的 EVM 根据 EVMC 抽象出来的执行器——Interpreter。因此能够支持基于 Solidity 语言的智能合约。目前其他类型的执行器发展尚未成熟,后续将持续跟进。

3.存储模块(图 2.61)

Fisco Bcos 继承以太坊存储的同时,引入了高扩展性、高吞吐量、高可用、高性能的分布式存储。存储模块主要包括以下几部分。

(1)世界状态。可进一步划分成 MPT State 和 Storage State。

(2)MPT State。使用 MPT 树存储账户的状态,与以太坊一致。

(3)Storage State。使用分布式存储的表结构存储账户状态,不存历史信息,去掉了对 MPT 树的依赖,性能更高。

(4)分布式存储(Advanced Mass Database,AMDB)。通过抽象表结构,实现了 SQL 和 NoSQL 的统一,通过实现对应的存储驱动,可以支持各类数据库,目前已经支持 LevelDB 和 MySQL。

4.安全控制(图 2.62)

区块链技术是一种去中心化、公开透明的分布式数据存储技术,能够降低信任成本,实现安全可靠的数据交互。然而区块链的交易数据面临着隐私泄露威胁。

(1)对于公有链,一节点可任意加入网络,从全局账本中获得所有数据。

(2)对于联盟链,虽有网络准入机制,但节点加入区块链后即可获取全局账本的数据。

作为联盟链的 Fisco Bcos,对链上隐私这一问题,提出了单链多账本的解决方案。

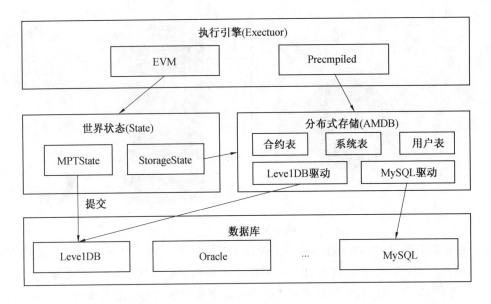

图 2.61 存储模块

Fisco Bcos 通过引入群组概念,使联盟链从原有一链一账本的存储/执行机制扩展为一链多账本的存储/执行机制,基于群组维度实现同一条链上的数据隔离和保密。

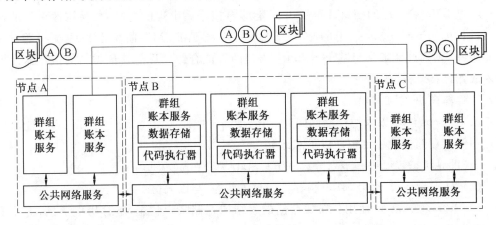

图 2.62 安全控制

5. 远程过程调用(图 2.63)

RPC(Remote Procedure Call,远程过程调用)是客户端与区块链系统交互的一套协议和接口。用户通过 RPC 接口可查询区块链相关信息(如块高、区块、节点连接等)和发送交易。

RPC 模块负责提供 Fisco Bcos 的外部接口,客户端通过 RPC 发送请求,RPC 通过调用账本管理模块和 P2P 模块获取相关响应,并将响应返回给客户端。其中账本管理模块通过多账本机制管理区块链底层的相关模块,具体包括共识模块,同步模块,区块管理模块,交易池模块以及区块验证模块。

Fisco Bcos 提供丰富的 RPC 接口供客户端调用。

(1)以 Get 开头命名的查询接口。如 Get Block Number 接口,查询最新的区块高度。

(2)Send Raw Transaction 接口。执行一笔签名的交易,将等待区块链共识后才返回响应。

(3)Call 接口。执行一个请求将不会创建一笔交易,不需要区块链共识,而是获取响应立刻返回。

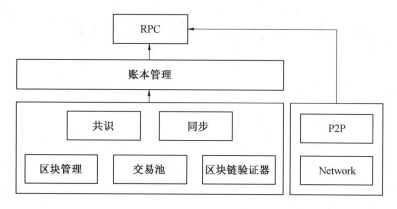

图 2.63　远程过程调用

# 第三章 区块链应用操作常用知识

## 第一节 区块链应用操作技术文档写作

### 一、文档的重要性

**(一)文档对团队组织的重要性**

高质量的文档对于一个组织或团队来说有非常多的益处,比如让代码和 API 更容易理解、错误更少;让团队成员更专注于目标;也可以让一些手工操作更容易;另外,当有新成员加入时,有文档也会让他们更快融入……

**(二)文档对作者的重要性**

(1)构思规范化 API。写文档的过程也是审视 API 的过程,如果没法用语言将 API 描述出来,那么说明当前的 API 设计是不合理的。

(2)文档也是代码的另一种展现。

(3)让代码看起来更专业。只要文档齐全的 API 都是设计良好的 API,文档的完善度也成为衡量一个产品专业度的指标。

(4)避免被重复的问题打扰。

### 二、如何产出高质量文档

**(一)高质量文档的标准**

(1)有统一的规范。
(2)有版本控制。
(3)有明确的责任人维护。
(4)有变更 Review 机制。
(5)有问题的反馈和更新机制。
(6)定期更新。
(7)有衡量的指标(如准确性、时效性)。

**(二)文档主体结构**

(1)问题描述。
这是一个什么问题?在什么样的情境下出现?
(2)技术背景。
介绍基本的背景、原理方法概述、软件说明。精力允许的情况下,尽可能做到知其然,知其所以然,这样的文档更有生命力。

(3)解决方案。

总体描述解决问题的思路、方法以及技术要点,给出大轮廓。

(4)实施示例。

选取代表性的案例,分条描述实施过程,让技术工作可重现。

(5)常见问题。

补充简述需要注意的问题。

**(三)文档维护**

在一个组织内,光靠个人去维护文档是不行的,必须得借助群体的智慧。在一个组织内部,文档的变更也应该像代码的变更一样,需要被其他人复审,以提前发现其中的问题并提升文档的质量。

(1)专业的视角来保证准确性。一般由团队里比较资深的人负责,他们关注的核心点是文档写得对不对,专不专业。如果代码维护做得好的话,文档的维护也属于代码维护的一部分。

(2)读者视角保证简洁性。一般由不熟悉这个领域的人来维护,比如团队的新人或者文档的使用者。这部分主要是关注文档是否容易被看懂。

(3)写作者视角保证一致性。由写作经验丰富或者相关领域比较资深的人承担,主要是为了保证文档前后是否一致,比如对同一个专业术语的使用和理解是否有歧义。

## 三、文档的分类

**(一)参考文档**

参考文档也是大部分开发人员日常会使用和书写的文档,比如我们使用某个框架或者工具,都会有 API 说明文档,这就属于参考类文档。它并没有太多的要求,只要能向读者展示清楚如何使用即可,但无须向读者讲明具体的实现。

参考文档并不仅限于 API 文档,还包括文件注释、类注释、方法注释,要求都是能准确说明其用法。

**(二)设计文档**

设计文档应该包含以下几部分。

(1)设计目标。

(2)实现的策略。

(3)各种利弊权衡和具体决策。

(4)替代方案。

(5)各种方案的优缺点。

设计文档的过程也是对整个项目做规划、思考可能出现问题的过程,设计得越详细、思考得越多,未来遇到问题的可能性就会越小。

### (三)引导类文档

引导类文档也很常见,一般都是 Step by Step 的形式。比如在使用某个框架或者工具的时候,一般都会有个引导类的文档一步一步帮助快速上手。一般使用文档都是由开发者写的,他们都非常了解这个工具的相关的知识。

引导类文档写作中,要求写作者尽可能站在用户的视角上思考,极力避免出现和用户的认知偏差,力争每个步骤做到明确无歧义,每两个步骤之间做到紧密衔接。

### (四)概念性文档

当参考文档无法解释清楚某些东西的时候,就需要概念性文档了。比如某个 API 的具体实现原理。其主要是为了扩充参考文档,而不是替代参考文档。有时候这和参考文档会有些内容重复,但主要还是为了更深层次的说明某些问题、解释清楚某个概念。

概念性文档也是所有文档中写作最难的,也是被阅读最少的,所以很多情况下工程师最容易忽视。而且还有另外一个问题,就是没合适的地方放。参考文档可以写代码里,落地页可以写项目主页里,概念性文档似乎也只能在项目文档里找个不起眼的角落存放了。

这类文档的受众会比较广,专家和新手都会去看。另外,它需要强调概念清晰明了,因此可能会牺牲完整性(可以由参考文档补齐),也有可能会牺牲准确性,这不是说一定要牺牲准确性,只是应当分清主次,不重要的就没必要说了。

## 四、写文档的 5W 法则

Who:文档是写给谁看的,读者是谁。

What:明确这篇文档的用途,有时候仅仅说明文档的用途和目的就能帮你搭建起整个文档的框架。

When:明确文档的创建、复审和更新日期。因为文档也有时效性,明确相关日期可以避免阅读者踩坑。

Where:文档应该放在什么地方。建议一个组织或者团队有统一的永久文档存放地址,并且有版本控制。最好是方便查找、使用和分享。

Why:为什么要写这篇文档,期望读者读完后从文档中获得什么。

# 第二节 区块链中常用英文专业术语

## A

| | |
|---|---|
| Account Level(Multi Account Structure) | 账户等级(多账户结构) |
| Accounts | 账户 |
| Adding Blocks to | 增加区块至 |
| Addition Operator | 加法操作符 |
| Addr Message | 地址消息 |
| Advanced Encryption Standard(AES) | 高级加密标准 |

| | |
|---|---|
| Aggregating | 聚合 |
| Aggregating into Blocks | 聚集至区块 |
| Alert Messages | 警告信息 |
| Altchains | 竞争币区块链 |
| Altcoins | 竞争币 |
| Anonymity Focused | 匿名的 |
| Antshares | 小蚁 |
| Appcoins | 应用币 |
| API | 应用程序接口 |
| App Coins | 应用币 |
| Architecture | 架构 |
| Assembling | 集合 |
| Attacks | 攻击 |
| Attack Vectors | 攻击向量 |
| Autonomous Decentralized Peer－to－Peer Telemetry | 去中心化的 P2P 自动遥测系统 |
| Auxiliary Blockchain | 辅链 |
| Authentication Path | 认证路径 |

## B

| | |
|---|---|
| Backing up | 备份 |
| Balanced Trees | 平衡树 |
| Balances | 余额 |
| Bandwidth | 带宽 |
| Base58 Check Encoding | Base58Check 编码 |
| Base58 Encoding | Base58 编码 |
| Base－64 Representation | Base－64 表示 |
| Byzantine Fault Tolerance(BFT) | 拜占庭容错 |
| Binary Hash Tree | 二叉哈希树 |
| BIP0038 Encryption | BIP0038 加密标准 |
| Bit Torrent | 文件分享 |
| Blake Algorithm | Blake 算法 |
| Block Chain Apps | 区块链应用 |
| Block Generation Rate | 出块速度 |
| Block Hash | 区块散列值 |
| Block Header Hash | 区块头散列值 |
| Block Headers | 区块头 |
| Block Height | 区块高度 |

| | |
|---|---|
| Blockmeta | 区块元 |
| Block Templates | 区块模板 |
| Blockchains | 区块链 |
| Bloom Filtersand | 布鲁姆过滤器(Bloom 过滤器) |
| Boinc open Grid Computing(BOINC) | 开放式网格计算 |
| Brain Wallet | 脑钱包 |
| Broad Casting to Network | 全网广播 |
| Broad Casting Transactions to | 广播交易到 |
| Bytes | 字节 |

### C

| | |
|---|---|
| Call | 调用 |
| Cross Chain Virtual Machine(CCVM) | 跨链交易的虚拟机 |
| Centralized Control | 中心化控制 |
| Chaining Transactions | 交易链条 |
| Chainwork | 区块链上工作量总值 |
| Check Block Function(Bitcoin Coreclient) | 区块检查功能(Bitcoin Core 客户端) |
| CHECKMULTISIG implementation | CHECKMULTISIG 实现 |
| Check Sequence Verify(CSV) | 检查序列验证 |
| Checksum | 校验和 |
| Child Key Derivation(CKD) Function | 子密钥导出(CKD)函数 |
| Child Private Keys | 子私钥 |
| Child Pays For Parent(CPFP) | 父子支付方案 |
| Coinbase Reward Calculatingcoinbase | 奖励计算 |
| Coinbase Rewardscoinbase | 奖励 |
| Coinbase Transactioncoinbase | 交易 |
| Cold-Storage Wallets | 冷钱包 |
| Compact Block | 致密区块 |
| Compact Block Relay | 致密区块中继 |
| Colored Coins | 彩色币 |
| Compressed Keys | 压缩钥 |
| Compressed Private Keys | 压缩格式私钥 |
| Compressed Public Keys | 压缩格式公钥 |
| Computing Power | 算力 |
| Connections | 连接 |
| Consensus | 共识 |
| Consensus Ledger | 共识账本 |

| | |
|---|---|
| Consensus Attacks | 一致性功能攻击 |
| Consensus Innovation | 一致性的创新 |
| Consensus Plugin | 共识算法 |
| Confidential Transactions | 保密交易 |
| Constant | 常数 |
| Constructing | 建造 |
| Constructing Block Headers With | 通过……构造区块头部 |
| Converting Compressed Keys to | 将压缩地址转换为 |
| Converting to Bitcoin Addresses | 转换为比特币地址 |
| Conversion Fee | 兑换费用 |
| Consortium Blockchains | 共同体区块链 |
| Counterparty Protocol | 合约方协议 |
| Counterparty | 合约币 |
| Creating Full Blockchains on | 建立全节点于 |
| Creating on Nodes | 在节点上新建 |
| Crypto Community | 加密社区 |
| Crypto 2.0 Ecosystem | 加密2.0生态系统 |
| Cryptocurrency | 加密货币 |
| Cunning Hamprime Chains | 坎宁安素数链 |
| Currency Creation | 货币创造 |

## D

| | |
|---|---|
| Data Structure | 数据结构 |
| Decentralized Autonomous Organization(DAO) | 去中心化自治组织 |
| Debt Token | 债权代币 |
| Decentralized | 去中心化 |
| Decentralized Consensus | 去中心化共识 |
| Decentralised Applications | 去中心化应用 |
| Decentralised Platform | 去中心化平台 |
| Decoding Base 58 Check to/from Hexbase | 58 Check 编码与16进制的相互转换 |
| Decoding To Hex | 解码为16进制 |
| Deep Web | 深网 |
| Decode Raw Transaction | 解码原始交易 |
| Deflationary Money | 通缩货币 |
| Delegated Proof of Stake | 授权股权证明机制 |
| Demurrage Currency | 滞期费 |

| | |
|---|---|
| Denial of Service Attack | 拒绝服务攻击 |
| Detached Block | 分离块 |
| Deterministic Wallets | 确定性钱包 |
| DEX(Distributed Exchange) | 去中心化交易所 |
| Difficulty Bits | 难度位 |
| Difficulty Retargeting | 难度调整 |
| Difficulty Targets | 难度目标 |
| Digital Notary Services | 数字公正服务 |
| Digital Currency | 数字货币 |
| Distributed Hash Table | 分布式哈希表 |
| Distributed Autonomous Corporations Runtime System(DACRS) | 自治系统运行环境 |
| Distributed Ledger Technology(DLT) | 分布式账簿技术 |
| Domain Name Service(DNS) | 域名服务 |
| Double-Spend Attack | 双重支付攻击 |
| Dos(Denial of Service)Attack | 拒绝服务攻击 |
| Dpos | 权益代表证明机制/Dpos算法 |
| Dual-Purpose | 双重目标 |
| Dual-Purpose Mining | 双重目的挖矿 |
| Dust Rule | 余额规则(极其小的余额) |

### E

| | |
|---|---|
| Eavesdroppers | 窃听者 |
| Ecommerce Servers Keys for… | 电子商务服务器……的密钥 |
| ECDSA | 椭圆曲线数字签名算法保障 |
| Eigentrust++ for Nodes | 用于节点的Eigentrust++技术 |
| Electricity Cost | 电力成本 |
| Electricity Cost and Target Difficulty | 电力消耗与目标难度 |
| Electrum Walletelectrum | 钱包 |
| Ellipticcurve Multiplication | 椭圆曲线乘法 |
| Emercoin(EMC) | 崛起币 |
| Encoding/Decoding From Base 58 Check | 依据Base 58 Check编码/解码 |
| Encrypted | 加密 |
| Encrypted Private Keys | 加密私钥 |
| Equity Token | 权益代币 |
| Ethereum | 以太坊 |
| External Owned Account(EOA) | 外有账户 |

| | |
|---|---|
| Ether | 以太币 |
| Extended Key | 扩展密钥 |
| Extra Nonce Solutions | 添加额外 Nonce 的方式 |
| Extrabalance | 附加余额 |

## F

| | |
|---|---|
| Factom | 公证通 |
| Fault Tolerance | 外加容错 |
| Feathercoin | 羽毛币 |
| Fees | 手续费 |
| Frn | 快速中继网络 |
| Fbrp | 快速区块中继协议 |
| Fec | 向前纠错 |
| Field Programma Blegatearray(FPGA) | 现场可编程门阵列(FPGA) |
| Financial Disintermediation | 金融脱媒 |
| Fintech | 金融技术 |
| Fork Attack | 分叉攻击 |
| Forks | 分叉 |
| Fraud Proofs | 欺诈证明 |
| Full Nodes | 完整节点；全节点 |

## G

| | |
|---|---|
| Generating | 生成 |
| Generation Transaction | 区块创始交易 |
| Generator Point | 生成点 |
| Genesis Block | 创始区块 |
| Gettingon Spv Nodes | 获取 Spv 节点 |
| Graphical Processing Units(GPUs) | 图形处理单元 |
| GUID | 全域唯一识别元 |

## H

| | |
|---|---|
| Hackers | 黑客 |
| Halving | 减半 |
| Hardware Wallets | 硬件钱包 |
| Hard Fork | 硬分叉 |
| Hard Limit | 硬限制 |
| Hash | 哈希值 |
| Hardware Security Modules(HSM) | 硬件安全模块 |
| Hashing Powerand | 哈希算力 |

| | |
|---|---|
| Hashcash | 现金算法 |
| HD Wallet System | 分层确定性钱包系统 |
| Header Hash | 头部散列值 |
| Heavyweight Wallet | 重量级钱包 |
| Hierarchy Deterministic | 分层确定的 |
| Honesty | 诚信算力 |
| Hyperledger | 超级账本 |
| Human Readable Format | 人类可读模式 |

## I

| | |
|---|---|
| Identifiers | 标识符 |
| Immutability of Blockchai | 区块链不可更改性 |
| Implementing in Python | 由 Python 实现 |
| in Block Header | 在区块的头部 |
| Independent Verificatio | 独立验证 |
| Innovation | 创新 |
| Inputs | 输入 |
| Internet Of Things | 物联网 |
| Instamine | 偷挖 |
| Invertible Bloom Lookup Table(IBLT) | 可逆式布鲁姆查找表 |
| Invalid Numerical Value | 无效数值 |
| IPDB | 星际数据库 |

## K

| | |
|---|---|
| Key formats | 密钥格式 |
| Key—value | 键值 |
| KYC | 了解你的客户 |

## L

| | |
|---|---|
| Level DB database(Google) | Level DB 数据库(Google) |
| Light Weight | 轻量级 |
| Linking Blocks to… | 将区块连接至…… |
| Linking to Blockchain | 连接至区块链 |
| Lightning Network | 闪电网络 |
| Linear Scale | 线性尺度 |
| Litecoin | 莱特币 |
| Lock Time | 锁定时间 |
| Locking Scripts | 锁定脚本 |
| Log Scale | 对数单位 |

## M

| | |
|---|---|
| Mainnet | 主网 |
| Managed Pools | 托管池 |
| Mastercoin Protocol | 万事达币协议 |
| Masternode | 主节点 |
| Memorypool(Mempool) | 内存池 |
| Merkle Tree(Merkle Hash Tree) | 二进制的哈希树(二叉哈希树) |
| Merkle Root | 二进制哈希树根 |
| Metachains | 附生块链 |
| Mining | 挖矿 |
| Mining Blocks Successfully | 成功产(挖)出区块 |
| Mining Pools | 矿池 |
| Mining Rigs | 矿机 |
| Micropayment | 小额支付 |
| Microblocks | 微区块 |
| Modifying Private Key Formats | 修改密钥格式 |
| Monetary Parameter Alternatives | 货币参数替代物 |
| Moore's Law | 摩尔定律 |
| Moonpledge | 月球之誓 |
| MPC | 多方计算 |
| Multi Account Structure | 多重账户结构 |
| Multi-Hop Network | 多跳网络 |
| Multi-Signature | 多重签名 |
| Multi-Signature Addresse | 多重签名地址 |
| Multi-Signature Scripts | 多重签名脚本 |
| Multi-Signatureaccount | 多重签名账户 |

## N

| | |
|---|---|
| Namecoin | 域名币 |
| Native Token | 原生代币 |
| Navigating | 导航 |
| Network Propagation | 网络传播算法 |
| Network of Marketplaces | 市场网络 |
| Nextcoin(NXT) | 未来币 |
| NeoscryptN | 算法 |
| Nested Subchains | 嵌套子链 |
| Near Field Communication(NFC) | 非接触式 |

| | |
|---|---|
| NIST5 | 一种新算法,由 Talk Coin 首创 |
| Nodes | 节点 |
| Nonce | 随机数 |
| Noncurrency | 非货币 |
| Nondeterministic Wallets | 非确定性的 |

## O

| | |
|---|---|
| off－Chain | 链下 |
| on Full Nodes | 在全节点上 |
| on New Nodes | 在新节点上 |
| on Spv Nodes | 在 Spv 节点 |
| on The Bitcoin Network | 在比特币网络中 |
| One－Hop Network | 单跳网络 |
| OP_RETURN operator | OP_RETURN 操作符 |
| OpenSSL Cryptographiclibrary | OpenSSL 密码库 |
| Open Source Of Bitcoin | 比特币的开源性 |
| Open Transaction(OT) | 开放交易 |
| Orphan Block | 孤儿块 |
| Oracles | 价值中介 |
| OWAS | 单向聚合签名 |
| Over the Counter(OTC) | 场外交易 |
| Outputs | 输出 |

## P

| | |
|---|---|
| P2P Pool | 一种点对点方式的矿池 |
| Parent Blocks | 父区块 |
| Parent Blockchain | 主链 |
| Paths for | 路径 |
| Pay to Script Hash(P2SH) | P2SH 代码;脚本哈希支付方式 |
| Payment Channel | 支付通道 |
| P2SH address | P2SH 地址;脚本哈希支付地址 |
| Peer－to－Peer Networks | P2P 网络 |
| Physical Bitcoin Storage | 比特币物理存储 |
| PIN－Verification | 芯片密码 |
| Plot/Chunks of Data | 完整数据块 |
| Pool Operator of Mining Pools | 矿池运营方 |
| Post－Trade | 交易后 |
| Post－Trade Processing | 交易后处理 |

| | |
|---|---|
| Proof of Importance(POI) | 重要性证明（NEM 提出来的一种共识算法） |
| Ppcoin | 点点币 |
| Premine | 预挖 |
| Priority of Transactions | 交易优先级 |
| Primecoin | 素数币 |
| Proof of Stake | 权益证明 |
| Proof of Work | 工作量证明 |
| Proof-of-Work Algorithm | 工作量证明算法 |
| Proof-of-Work Chain | 工作量证明链 |
| Propagating Transactions on | 交易广播 |
| Protein Folding Algorithms | 蛋白质折叠算法 |
| Public Child Key Derivation | 公钥子钥派生 |
| Public Key Derivation | 公钥推导 |
| Publickeys | 公钥 |
| Public Blockchain/Permissionless Blockchain | 公链 |
| Private Blockchain/Permissioned Blockchain | 私链 |
| Pump and Bump | 拉升出货 |
| Purpose Level(Multiaccount Structure) | 目标层（多账户结构） |
| Python ECDSA library | Python ECDSA 库 |

## R

| | |
|---|---|
| Random | 随机 |
| Random Wallets | 随机钱包 |
| Raw Value | 原始价格 |
| Reentrancy | 可重入性 |
| Regtech | 监管技术 |
| Replay Attacks | 重放攻击 |
| RBF(Replace by Fee) | 费用替代方案 |
| Retargeting | 切换目标 |
| Recursive Call | 递归调用 |
| RIPEMD160 | 一种算法 |
| Ripple | 瑞波币 |
| Risk Balancing | 适度安保 |
| Risk Diversifying | 分散风险 |
| Root of Trust | 可信根 |
| Root Seeds | 根种子 |

## S

| | |
|---|---|
| Sandbox | 沙箱 |
| Satoshis | 中本聪 |
| Scoops/4096 Portions | 子数据块 |
| Scriptcons Truction | 脚本构建 |
| Scriptl Anguage for | 脚本语言 |
| Scriptlanguage | 脚本语言 |
| Scripts | 脚本 |
| Scrypt Algorithmscrypt | 算法 |
| Scrypt－N | Algorithmscrypt－N 算法 |
| Secure Hash Algorithm(SHA) | 安全散列算法 |
| Security | 安全 |
| Security Thresholds | 安全阈值 |
| Seed Nodes | 种子节点 |
| Seeded | 种子 |
| Seeded Wallets | 种子钱包 |
| Selecting | 选择 |
| Soft Limit | 软限制 |
| Segregated Witness(Seg Wit) | 隔离见证 |
| SHA3 algorithm | SHA3 算法 |
| Shared Permission Blockchain | 共享认证型区块链 |
| Shopping Carts Public Keys | 购物车公钥 |
| Simplified Payment Verification(SPV)nodes | 简易支付验证(SPV)节点 |
| Simplified Payment Verification(SPV)wallet | 轻钱包 |
| Sidechain | 侧链 |
| Signature Operations(Sigops) | 处理签名操作 |
| Signature Aggregation | 签名集合 |
| Skein Algorithmskein | 算法 |
| Smart Pool | 机枪池 |
| Smart Contracts | 智能合约 |
| Solo Mining | 单机挖矿 |
| Solo Miners | 独立矿工 |
| Soft Fork | 软分叉 |
| Spilt | 分割 |
| Stellar | 恒星币 |
| Stateless Verification of Transactions | 交易状态验证 |

| | |
|---|---|
| Statelessness | 无状态 |
| State Machine Replication | 状态机原理 |
| Storage | 存储 |
| Stratum(STM) Mining Protocol Stratum | 挖矿协议 |
| Sx Toolssx | 工具 |
| Syncing the Blockchain | 同步区块链 |
| System Security | 系统安全 |
| Subchains | 子链 |

**T**

| | |
|---|---|
| Taking off Blockchain | 从区块链中删除 |
| Tainted Address | 被污染的地址 |
| Taint Analysis | 污点分析 |
| Tele Hash P2P | 信息发送系统 |
| Timeline | 时间轴 |
| Timestamping Blocks | 带时间戳的区块 |
| Txids | 缩短交易标识符 |
| Token | 代币 |
| Token System | 代币系统 |
| Token-Less Blockchain | 无代币区块链＝私链 |
| Transaction Fees | 交易费；矿工费 |
| Transaction Pools | 交易池 |
| Transaction Processing | 交易处理 |
| Transaction Validation | 交易验证 |
| Transactions Independent Verification | 独立验证交易 |
| Transaction Malleability | 交易延展性 |
| Tree Structure | 树结构 |
| Trezor Wallettrezor | 钱包 |
| Turing Complete | 图灵完备 |
| Two-Factor Authentication | 双因素认证 |
| Tx Messagestx | 消息 |
| Type-0 Nondeterministic Wallet | 原始随机钱包 |

**U**

| | |
|---|---|
| Uncompressed Keys | 解密钥 |
| Unconfirmed Transactions | 未确认交易 |
| Unspent Outputs | 未花费输出 |
| User Security | 用户安全性 |

|  |  |
|---|---|
| User Token | 用户代币 |
| UTXO pool | UTXO 池 |
| UTXO set | UTXO 集合 |
| UTXOs | 未交易输出 |

## V

|  |  |
|---|---|
| Validating New Blocks | 验证新区块 |
| Validation | 验证条件 |
| Validation(Transaction) | 校验(交易) |
| Vanity | 靓号 |
| Vanity Addresses | 靓号地址 |
| Vanity－Miners | 靓号挖掘程序 |
| Verification | 验证 |
| Verification Criteria | 验证条件 |
| Version Message | 版本信息 |
| Visualise Transaction | 可视化交易 |

## W

|  |  |
|---|---|
| Wallet Import Format(WIF) | 钱包导入格 |
| Wallets | 钱包 |
| White Hat Attack | 白帽攻击 |
| Weak Blocks | 弱区块 |
| Whitelist | 白名单 |
| Wildcard | 通配符 |

## X

|  |  |
|---|---|
| Xthin | 极瘦区块 |
| XRP | 瑞波币 |

## Z

|  |  |
|---|---|
| Zero Knowledge Proof | 零知识证明 |
| Zero Codehash | 零代码哈希 |
| Zerocoin Protocol | 零币协议 |

# 第二篇　区块链应用设计

# 第四章　用户调研

## 一、用户调研流程

### (一)明确背景和目的

用户调研流程的第一步是明确背景和目的,什么情况下发起调研,希望通过用户调研得到的结果是什么?在怎样的场景下用区块链技术去解决什么问题?有了明确的目的才会有后面一系列的工作。

用户调研常见目的如下。

(1)了解用户行为特征、心理诉求和分类占比。比如我们要设计一个方便群众的电梯,年轻人和老年人对电梯的诉求是不一样的,导致两类人群的需求点不太一样。比如老年人可能会希望电梯开关门更安全,上下运行更平稳。年轻人可能就是希望快,外观如果能设计得更时尚就更好了。

(2)挖掘用户行为习惯和深层次痛点。从用户表现出来的现象去深层次挖掘痛点。比如老人希望电梯更便捷安全的需求,可能来自电梯门开关门时经常异常夹到人的现象。

(3)发现具体场景的用户行为模式。电商系统里男性和女性的行为模式不一样,一款针对女性人群的商品肯定会重点关注女性的行为模式。页面浏览行为,是直接下单还是先添加进购物车,还有拼单购买行为等,关注女性在每个特定场景下的具体行为模式。

(4)比较不同特点用户对新技术方案的反馈及新技术方案替代传统方式的可能。一些传统业务已经进行了很久,比如一些公司的 OA 系统虽然比较繁复,审批的时候各部门信息上传的时候因为系统界面不友好偶尔会输错信息。当我们提出要更换 OA 系统的时候,就需要拿着新技术方案去做用户调研,了解用户对新技术方案的反馈。

### (二)选择目标用户

通过用户调研了解用户的全面信息,根据他们的目标、行为和观点的差异,将用户分为不同类型,进行目标用户定位。

首先要做用户定位,谁会使用我们的产品,设计好的系统或功能到底是给谁用,帮助其解决问题。

第二是客户定位,谁会购买产品或服务。使用者和采购者有时不是同一个人。

然后是用户分类,对价值用户进行分析,将拥有共同特征或行为的用户归类。比如我们要开发智能门锁,不同的住户产品的期望功能会不一样。有人会说,希望能智能识别主人,一挥手就能开门;希望配套智能灯,晚上会自动亮灯。我们去采访1万个住户,并把他们提出的需求进行整理,会得到不同年龄层、性别、职业的住户对智能门锁的需求。将需求的高频部分,作为智能门锁的重点关注点,再进行推演,可能会发现智能门锁的核心关注点是老人和小孩使用。

选择好用户人群之后,下一步就是邀约精准用户进行足够详细的沟通,收获更多的反馈。

用户画像是我们选择目标用户、描述目标用户常用的工具。用户画像也称人物角色,是根据用户社会属性、生活习惯和消费行为等信息而抽象出的一个标签化的用户模型,即真实用户的虚拟代表。

用户静态属性主要从用户的基本信息进行用户的划分。静态属性是用户画像建立的基础,最基本的用户信息记录,如性别、年龄、学历、角色、收入、地域、婚姻等。依据不同的产品,进行不同信息的权重划分。如果是社交产品,静态属性比较高的是性别、收入等。

用户动态属性指用户在互联网环境下的上网行为。信息时代用户娱乐、社交、出行、学习、打发时间等行为都离不开互联网。这些行为都属于用户的动态属性。动态属性能更好地记录用户日常的上网偏好。

用户消费属性指用户的消费方式、消费意识、消费心理、消费嗜好等,对用户的消费有个全面的数据记录,对用户的消费能力、消费意向、消费等级进行很好的管理。这个动态属性是随着用户的收入等变量而变化的。在进行产品设计时对用户是倾向于功能价值还是倾向于感情价值,有更好的把握。

用户心理属性指用户在环境、社会或者交际、感情过程中的心理反应,或者心理活动。进行用户心理属性的划分能更好地依据用户的心理行为进行产品的设计和产品运营。

### (三)明确调研方法

经过前面的步骤,我们已经知道目标用户是谁,要达成什么目标。接下来就是针对目标用户进行深入的调研。调研方法分为两种,一种是定性研究,另一种是定量研究。

定性研究是指在一群小规模、精心挑选的样本个体上的研究,样本数量通常为10~20个,通过研究者的洞察力、专业知识、过往经验挖掘研究对象行为背后的动机、需要、思维模式,更多解决的是"怎么想"的问题。定性研究是探索性的研究,致力于定性地确定用户需求,它有助于设计师在设计初期构建想法,然后再用定量方法完善和测试。如用户访谈、焦点小组、卡片分类、日记记录等方法都属于定性研究范畴。

定量研究是用大量样本(浏览日志文件以了解用户在网站上的活动情况)来测试和证明某些事情的方法。定量研究能帮助验证通过定性研究而发现的假说。定量研究有问卷调查、A/B测试、眼动研究等。

### (四)准备调研内容

调研问题数量一般是按照计划中用户调研时间的2倍去准备,线上一般是10~20道调研题,线下是 5~10 道题,出题顺序是先易后难再易。

在提问前,要提前标注好用户必须要问答和操作的关键问题。比如我们对一款净水器产品进行调研,"净化度"是其最大特色,就需要围绕净化度相关问题进行提前标注,如参数、质量、价格和净化度对应关系、安全顾虑等。另外,提前串联问题,找种子用户预演一遍,发现其中的问题并进行完善。

**(五)现场调研**

现场调研是效率比较高的方式之一,可以取得比较好的信息采集反馈效果,可以直观了解调研用户背景信息是否与之前预判的用户画像匹配。假定用户画像是技术范儿,热爱科学技术,喜欢动手,喜欢遥控飞机,喜欢奥特曼等预设画像标签,可以通过现场调研,对这些预设标签进行完善修正。

另外,在进行现场调研的时候,尽可能模拟用户真实场景环境进行调研,同时采取录屏、录音或笔记等方式,做好用户操作的记录,做好原始信息的记录存档。

**(六)总结报告**

调研结束要完成总结归纳统计,生成总结性报告文件。根据调研结果,修改完善用户画像。调研报告结构主要包含以下结构内容。

(1)调研简介:阐述调研目的、目标人群、调研内容及采用的调研方法。

(2)调研分析:阐述分析目标人群的日常偏好、行为习惯、观点动机和需求场景。

(3)调研结论:描述选定的目标用户,描绘用户画像和用户需求。

(4)产品规划:根据调研结论,对产品进行定位,梳理产品市场机会和架构,并制定具体的产品实施步骤。

上述内容主要说明进行用户调研整体包含的流程步骤,接下来的内容将重点介绍具体实施的细节执行。

## 二、用户调研方法

**(一)问卷调查**

问卷调查是一种典型的定量研究方法。一般由研究人员围绕研究问题设计若干题目,按一定规则排列由用户填写然后回收整理、统计和研究。

问卷调查可以获得由用户自我讲述的,关于目标、观点和人口统计特征的量化数据。问卷调查可以覆盖大规模的用户,适合作为创建、验证更新用户概貌(User Profile),定位核心价值用户价值进行产品/服务的重要性以及满意度研究之用。

作为定量研究,问卷调查所提供的数据在支持决策方面所发挥的作用是定性分析无法取代的。我们正处于数字经济时代,数据的价值正越来越被重视。定量的研究会更直观地让管理层做出决策,而定性研究更主观,更凭直觉,得出的是不太精准的结果。问卷调查在以下四个层面能更好地进行调研并获得结果。

(1)目标。用户通过使用产品/服务的行为所获得的结果如何?使用新软件后生产成本降低了多少?人员活跃度提高了多少?和目标相关的每一项具象指标,都是决策的依据。

(2) 使用习惯。用户使用互联网/产品/服务的频率和地点,用户使用同类产品/服务的情况,这些数据通过问卷调查可以直观获得。

(3) 观点。用户对产品功能和服务的满意度,对具体步骤如支付提现流程是否满意等,通过问卷调查可以很好地进行采集。

(4) 人口统计特征。用户目标人群年龄分布、性别比例、教育背景、收入情况、所在城市等信息,个人静态属性通过问卷调查可以大规模高效地采集。

### (二) 问卷调查设计原则

问卷调查设计应遵循"明确+简洁"的原则。首先,可问可不问的坚决不问,只关注核心要点,避免干扰用户的问题,尽可能让填问卷过程简洁。其次,无关研究目的的坚决不问,不需要采集非相关信息。第三,创造性的设计问题,让问题能够有效获取数据。第四,明确问卷问题的逻辑关系,设计问卷的时候,明晰问题前后逻辑关系。

### (三) 问卷调查发放

调查问卷设计完成后,就进入宣传推广,让更多用户进行填写。常见的推广方式有:在人流比较集中的地方,线下主动邀请目标人群填写,这种方式效率比较差,问卷答案真实性有待商榷。

线上方式是大规模进行问卷推广的途径,可以通过微信、QQ、线上广告、微博等流量比较大的渠道进行免费或付费推广。邮件推送也是一种常用方式,批量导入邮箱地址,点击发送即可。

## 三、可用性测试

可用性测试是邀请真实用户或潜在用户使用产品或设计原型,对其在使用过程中的行为进行观察、记录、测量和访谈,进而了解用户对产品的要求和需要,并以此作为改进产品设计的出发点,提高产品的可用性。通过观察有代表性的用户,完成产品的典型任务,从而界定出可用性问题并解决这些问题。

出发点是提高产品的可用性。主要测试产品在特定使用环境下为特定用户用于特定用途时所具有的有效性、效率和用户主观满意度。以智能门为例,针对智能电子门场景,厂商先制作一个原型,材料可能是塑料的,电路板都可以看到,但是已经有了一些功能。邀请用户进行测试,测试的时候可能开关门力度有点大,或是机械臂力度不够改进一下。人体识别灵敏度在白天、晚上,不同时间段的识别如何。在一系列真实场景下进行测试以提高产品可用性。

可用性测试主要有计划、测试、分析和报告四个阶段。如图4.1所示。

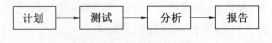

图4.1 可用性测试流程

制订可用性测试计划,选择经验丰富、熟悉产品的专家作为可用性测试的计划负责人。计划负责人制订好测试核对清单,清晰规划好要测试的功能点,选好测试用户。

进行测试时要做好翔实的记录,在分析测试数据时,要把用户行为信息和产品联系起来,并生成测试报告,用于指导产品功能迭代更新。

### 四、用户调研注意事项

组织调研工作会经历调研准备、调研执行、调研后续工作落实三个阶段。

在调研组织阶段,一定要明确调研的具体目的,目的越具体明确后续的调研问题和测试计划也会更有指导性。其次,要制订详细的计划,提前规划好调研每个阶段要完成的任务清单。调研是一项团队任务,需要多部门人员的支持配合,要做好内部沟通工作和任务分工。

在调研执行阶段,执行调研前应再次确认调研计划和要求。注意调研过程中的异常现象、异常数据,挖掘背后的原因和需求。在调研执行过程中,调研时间不宜过长,以免调研用户产生消极情绪,而随意完成调研。

调研执行后,在撰写调研日志时,要让工作过程清晰化、调研内容结构化、不明内容有后续计划。

首先,调研日志上要看出当日调研了哪些部门,走访了哪些人,用了多少时间,获取了哪些业务的信息,这叫工作过程清晰化。

然后调研内容不能是流水账记录,必须将被调研者的话组织成一个个合理的单元,这些单元独立可以反映某个业务层面的情况,然后整体上构成一个业务调研报告的部分。

不同的信息结构化方法可能不太一样,有的适合用表格,有的适合用文字段落,有的适合绘制图形。调研日志最后要说明今天调研中还有哪些问题,需要进一步明确,并有认真记录。

# 第五章 应用设计

## 第一节 模型设计

### 一、系统应用设计

**(一) 系统应用设计定义**

系统设计是根据系统分析的结果,运用系统科学的思想和方法,设计出能最大限度满足所要求的目标(或目的)的新系统的过程。系统设计内容,包括确定系统功能、设计方针和方法,产生理想系统并做出草案,通过收集信息对草案做出修正产生可选设计方案,对系统方案进行论证并做出性能效果预测。

**(二) 系统应用设计准则**

指导系统应用设计应遵循以下基本原则。

(1)先进性原则:在产品设计上,整个系统设计需符合高新技术的潮流,尽量使用最前沿的技术,保持技术的前瞻性。

(2)安全性原则:系统需采取全面的安全保护措施,具有高度的安全性和保密性。对接入系统的设备和用户,进行严格的接入认证,以保证接入的安全性。系统支持对关键设备、关键数据、关键程序模块采取备份、冗余措施,有较强的容错和系统恢复能力,确保系统长期正常运行。

(3)经济性原则:在满足系统功能及性能要求的前提下,尽量降低系统建设成本,采用经济实用的技术和设备,利用现有设备和资源,综合考虑系统的建设、升级和维护费用。系统符合向上兼容性、向下兼容性、前后版本转换等功能。

(4)实用性原则:需设计提供清晰、简洁、友好的中文人机交互界面,操作简便、灵活、易学易用,便于用户操作、管理和维护。

(5)规范性原则:系统中采用的密码学算法、传输协议、安全标准等符合国家标准和行业标准。

(6)可维护性原则:系统操作简单,实用性高,具有易操作、易维护的特点,在出现故障时,能快速定位问题,并及时、快速地进行自维护。

(7)可扩展性原则:系统具备良好的输入输出接口,易于今后业务的扩展、系统的扩容和升级。

(8)开放性原则:系统设计遵循开放性原则,能够支持多种硬件设备和网络系统,软硬件支持二次开发。各系统采用标准数据接口,具有与其他信息系统进行数据交换和数据共享的能力。

**(三)系统开发全流程(图 5.1)**

程序开发的第一步是进行需求分析,经过用户调研完成用户分析和定位之后,获得用户需求。需求是对系统边界的约束。第二步是系统设计,围绕需求进行系统的设计,规划技术架构方案以及前后端实施方案。第三步是系统开发,实施完成上一步进行的系统设计,根据规划进行开发。系统开发完成后,要进行相应的系统测试,发现修改异常部分。准备充足后,就可以正式上线了。

图 5.1 系统开发全流程

现在程序开发均遵循以上流程,按照迭代方式不同分为瀑布式和敏捷式开发。

瀑布模型式是最典型的预见性的方法,严格遵循预先计划的需求、分析、设计、编码、测试的步骤顺序进行。步骤成果作为衡量进度的方法,例如需求规格、设计文档、测试计划和代码审阅等等。

敏捷开发以用户的需求进化为核心,采用迭代、循序渐进的方法进行软件开发。在敏捷开发中,软件项目在构建初期被切分成多个子项目,各个子项目的成果都经过测试,具备可视、可集成和可运行使用的特征。换言之,就是把一个大项目分为多个相互联系,但也可独立运行的小项目,并分别完成,在此过程中软件一直处于可使用状态。

## 二、需求分析

**(一)需求分析的概念**

需求分析也称为软件需求分析、系统需求分析或需求分析工程等,是开发人员经过深入细致的调研和分析,准确理解用户和项目的功能、性能、可靠性等具体要求,将用户非形式的需求表述转化为完整的需求定义,从而确定系统必须做什么的过程。它是一个将需求转变为技术要求的参数的翻译过程。

**(二)需求分析的原则**

进行需求分析的首要原则是必须准确理解客户的真实诉求,必须提炼出软件将要完成的这个功能,然后形成描述信息、功能和行为的模型,从而能分层次地展示细节,最后分析过程应该从要素信息移向细节实现。

列举一个视频网站案例,以方便读者理解这些原则。一位客户在后台反馈网站视频加载速度慢,影响视频观看体验。收到反馈后,要理解客户所说加载慢的真实诉求。是网站整个网页加载慢,还是仅视频加载慢,还是点击播放键后一直打圈圈进入不了视频?当明确客户诉求是指视频加载慢后,项目经理就需要将这个诉求提炼为功能诉求,比如要提升前段页面展示能力,提升视频加载速度。必须将这些功能信息进行详细描述,不然技术可能会把网页所有内容都推到前端,服务器后台都不要了,这样也能让速度更快。项目经理必须把功能细节详细地描述给技术人员,将客户需求翻译成技术能理解、能实际去干、有明确要求的需求。

### (三)需求分析内容

需求分析的内容主要包括三部分,第一部分是功能性的需求,功能性需求是最直观的,指软件必须完成哪些事,必须实现哪些功能。功能性需求是软件需求的主体。搞清楚必须要干哪些?以电商软件为例,能售卖商品,用户能登录,商家能上传自己的货品,配置价格。用户购买能查看自己的清单,能查看物流。这些功能性需求明确后,用户在界面上点按钮,比如说加入购物车,然后购买,就很明确,这就是电商软件的主体,是最显而易见的内容。

第二部分是非功能性需求,作为对功能性需求的补充,主要包括软件使用对性能的要求、运行环境要求。软件设计必须遵循的相关标准、规范、用户界面设计的具体细节、未来可能的扩充方案等。比如,视频网站更流畅,购物网站支付更安全。

第三部分是设计约束内容。设计约束一般也称为设计限制条件,通常是对一些设计或实现方案的约束说明。例如,要求待开发软件必须使用 Oracle 数据库系统完成数据管理功能,运行时必须基于 Linux 环境等。实现开发一个系统,要考虑建设系统的成本,通常会提一些要求。

### (四)需求分析难点

需求分析的难点之一是参与各方认知程度不一致,看问题角度不同,得出不同的结论。对用户问题和诉求理解的不同意见,容易造成需求确定问题难。

其次,需求会时常变化。一周前刚经过用户调研,团队内部达成的共识这周可能就受一些因素的影响而改变。

第三,交流难以达成共识。让两位拥有不同软件开发经验的同事参与火箭系统的开发工作,火箭专家告知如何实现火箭系统之后,开发人员依然无法知道如何实现。开发人员和火箭专家并没有达成共识,因为他们并不了解航空行业的专业知识。比如对简约的理解,是少一些功能,还是颜色更低饱和度算简约,达成共识是一个需求确定的难点。

获取的需求难以达到完备与一致。需求的实现并不能完整地实现规划中的样子。像智能门的人脸识别门禁,指纹快速解锁体验也是一直在升级。进行需求分析,还有一个难点是需求难以进行深入的分析与完善,需求是无止境的,这也是行业发展和创新的动力。

## 三、应用系统概要设计

### (一)系统概要设计概念

系统概要设计属于系统设计的一部分,当需求分析完成后,即可根据需求分析的结果对系统进行总体概要设计。其主要目标为设计系统的关键点,明确系统的边界。主要包括系统应用架构、系统关键流程、系统功能梳理和系统数据存储结构等。

### (二)应用架构

应用架构指梳理业务逻辑关系、信息流、系统边界。

一般使用应用架构图分层次说明系统主要组成模块和功能点之间的业务逻辑关系，功能模块间怎么配合。从应用架构图的描述方式或岗位角度而言，又分为系统功能性架构图（或叫业务架构图）和系统技术层次架构图（或叫技术架构图）。

系统功能性架构图侧重描述业务架构，全貌分解好业务功能模块，比如一个学校的数字化系统包含招生系统、考试系统、报名系统、餐券发放系统，主要指业务范围和边界。包含了哪些业务，不包括哪些业务，可以通过系统功能性架构图清晰地了解。如图 5.2 所示。

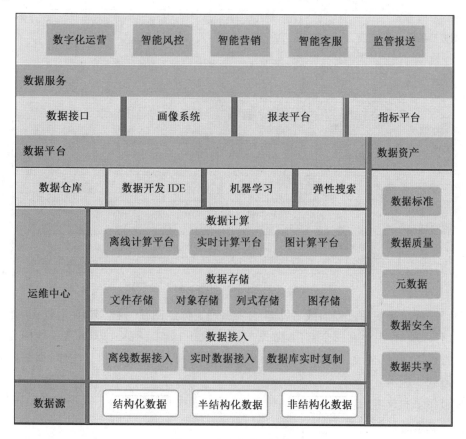

图 5.2 业务架构图示例

系统技术层次架构图主要关注技术，架构图的每一层由哪些技术组成，比如底层是 Linux、Windows；数据层是用 Oracle、Mysql、Server……进行开发部署的时候能清楚地对技术和语言进行选型。如图 5.3 所示。

**（三）关键流程**

关键流程主要梳理出系统关键业务流程中各系统间的调用顺序和承担职责。以学校信息管理系统为例，教师管理系统功能的流程主要是新增、修改、删除和维护，可搜索想要的教师信息，上传或更新教师个人主页。对于关键流程要清楚地描述出来并把过程视觉化。

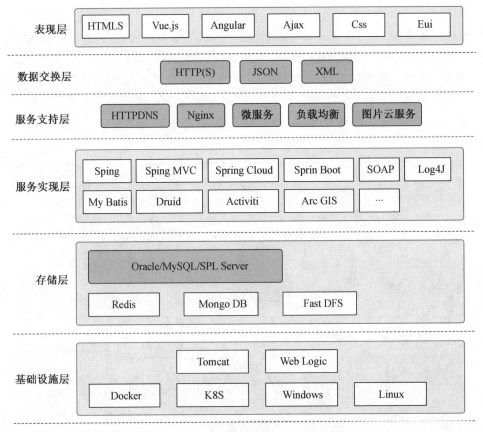

图 5.3　技术架构图示例

关键流程一般使用流程图或者泳道图来梳理。泳道图是一种 UML 活动图,能够清晰体现出某个动作发生在哪个部门,常见工具有 Star UML、Rose、Visio 等。绘图元素与传统流程图类似,但在业务流程主体上,通过泳道(纵向条)区分出执行主体,即部门和岗位。如图 5.4 所示。

泳道图是和技术达成共识的有力工具,技术如果没有疑问就可正式进行开发任务。

**(四)其余设计**

(1)功能梳理主要梳理出系统要实现的具体功能点,需对大的业务功能进行拆分,比如一个电商软件购物功能,就要列举出加入购物车、删除购物车、查看购物车商品、提交付款等具体功能点,并要对每个功能点的细节进行细化,比如删除购物车功能要增加一个是否要删除的弹出框等。

(2)系统数据结构主要需设计出数据存储的模型,分为关系型数据库存储和非关系型数据库存储,可借助表格来梳理,如表 5.1 所示。区块链领域一般都是 Key、Value 型非关系型数据库。

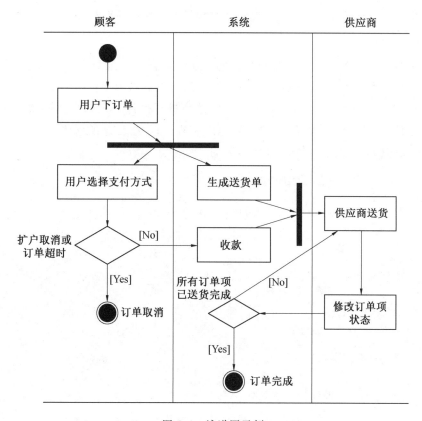

图 5.4 泳道图示例

表 5.1 数据结构设计举例

| 字段 | 类型 | 备注 |
| --- | --- | --- |
| Key | String | 账本的 Key 采用"Plant_info"+Plant ID,全链唯一 |
| Plant ID | String | Plant ID |
| Company ID | String | 企业 ID |
| Location | String | 种植地 |
| Filed | String | 种植田编号 |
| Farmer | String | 种植人 |
| Time | Int | 收获时间:Timestamp |
| Warehouse | String | 仓库编号 |

## 四、应用系统详细设计

### (一)系统详细设计概念

系统详细设计发生在系统概要设计之后,目标为对概要设计的结果进行进一步细化,以指导开发人员开发。主要包括功能接口设计、网络部署结构和技术栈选择等内容的细化。系统详细设计是围绕功能框架、业务框架和技术框架的执行细化。

**(二)接口设计**

接口函数的定义为某个模块写好给其他模块用的函数。通过接口,可以确定系统对外公布的功能点和交互方法,方便上下游系统开发人员的内容把控。

技术专家基于功能框架,对每一个功能的接口进行设计开发以方便调用。比如上文提及的学校信息化系统,老师信息的新增、删除和查询;学生信息的修改、删除、查询;学生成绩的录入和查询,都是由一个个接口实现的。如图5.5所示。

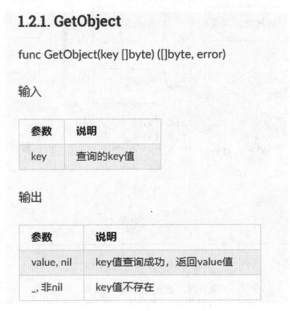

图5.5 接口设计示例

**(三)网络部署架构**

部署架构图(Deployment Diagram)用来显示系统中软件和硬件的物理架构。从部署图中,可以明确软件和硬件组件之间的物理关系以及处理节点的组件分布情况。如图5.6所示。

对于区块链应用而言,由于其去中心化的特点还需要关注节点部署位置、是否私有化部署、防火墙开墙等问题。

**(四)技术栈选择**

技术栈的选择需要结合业务场景和业务需求,谨慎选择,综合考量,选择最合适的技术进行开发。对于区块链而言,主要需选择以下几个部分。

(1)用什么底层链,在满足功能的前提下,尽量选择成熟的、开源社区完善的链。

(2)用什么语言开发合约,一般Fabric选择Go,以太坊系的选择Solidity。

(3)客户端Sdk选择,在满足功能的前提下,尽量选择成熟、开源社区完善的。Fabric一般使用Node.js或者Java。同时要看公司主流采用什么技术。

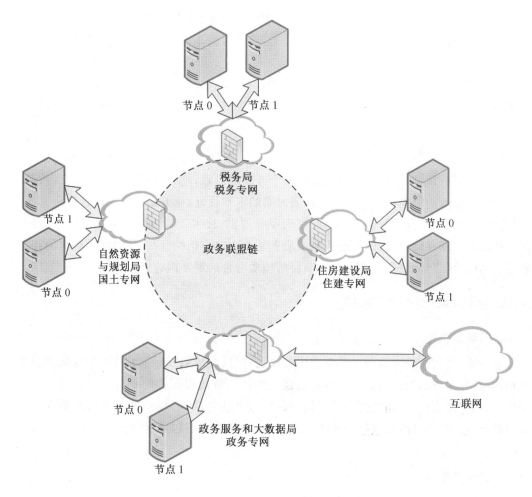

图 5.6 部署架构图

## 第二节 方案设计

### 一、区块链应用设计概述

#### (一)区块链应用设计特点

区块链应用是 IT 软件系统,传统 IT 软件系统的设计流程和基础准则,对区块链系统应用同样适用。但是区块链系统本身也有一些特殊性,需要重点关注以下几点。

(1)区块链为去中心化系统,需要以去中心化的思维来思考联盟架构和系统设计。不能为了区块链而区块链,一定要明确场景选择适合的区块链系统。假设,学校将学生小学到高中的成绩上链,高考的时候根据历史成绩进行评估录取。这个场景下,数据的价值非常高,不容许被篡改,数据出错可能就影响了学生的一生。这个学生成绩联盟链就需要学校、家长、教育部门等很多角色参与到系统中,每次成绩上链前需要多方确认。

(2)区块链系统升级非常困难,新系统设计时必须考虑周全。区块链和历史上链数据关联,如果升级不能很好地兼容就会出现分叉,可能导致老系统不能使用,或新旧系统无法兼容。

(3)区块链系统的底层系统有标准化软件,不需要再进行设计开发,这点和传统的系统不同。区块链是一个安全、可信、不可篡改的数据库,已经形成体系化的、标准化的软件。

### (二)区块链应用设计内容

当我们进行区块链设计时,需要考虑三个方面的内容。项目或场景是否适合区块链?利用区块链技术的哪些特点?联盟链部署方案的框架设计、业务设计和功能设计。其次,进行智能合约开发,设计智能合约功能实现业务逻辑、技术逻辑以及安全保障等。最后,区块链账本数据存储设计,区块链项目本质上是个去中心化的分布式数据库,数据的存储和处理,以及可靠性的保障,是区块链项目落地要考量的重要内容。

## 二、版权链应用设计案例

### (一)场景概述

近年来,版权保护成为一个非常重要的议题,而区块链版权保护和传统版权保护的系统相比,具有多方面的优势。现在需要搭建一个区块链版权保护的平台。平台将版权登记机构、版权使用机构、司法部门等机构全部纳入区块链联盟,用户可以使用该平台进行版权登记、查询,并可对版权进行转让。同时,司法部门也可以通过该平台进行司法取证工作。

### (二)需求提炼

根据场景业务诉求进行需求的提炼。

(1)搭建一个基于包含版权登记机构、版权使用机构、司法部门等机构的版权保护联盟链。

(2)创作者可通过平台上传自己的作品内容和可信时间戳、作品摘要,区块链对数据进行存证,完成作品版权登记工作。

(3)根据作品的类型和作品摘要,可以查询到作者登记的版权信息,确定版权属有者。

(4)创作者可以查询到自己本身拥有的版权信息。

(5)可以通过平台对版权所有权进行转让。

### (三)非功能性需求

在实际工作中,需要关注非功能性需求,对于区块链项目而言,有以下 4 个需求非常重要,确保系统稳定运作。

(1)区块链节点部署位置。

(2)服务提供时间。

(3)服务的平均 TPS 和峰值 TPS。

(4)区块链存储数据的量大小。

## 三、应用系统概要设计

### (一)区块链应用架构图

版权区块链应用架构图的首要任务是明晰组织机构间的关系,版权机构、登记机构、司法机构和使用机构及技术服务商都需要参与到系统中。架构图描述了系统边界是版权登记、版权使用和版权取证三个功能,服务于法院、版权登记机构、创作者和版权授权方。如图 5.7 所示。

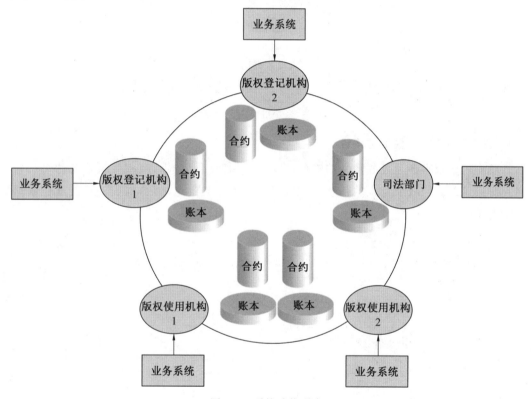

图 5.7 系统功能列表

### (二)系统功能列表

系统功能列表是架构图的进一步细化,系统参与者具体要完成的内容会更具体。版权区块链应用系统的功能列表如下。

(1)搭建一个基于包含版权登记机构、版权使用机构、司法部门等机构的版权保护联盟链。

(2)编写智能合约,版权登记存证信息上链要实现以下功能。

①版权登记存证信息上链。

②根据版权类型和作品摘要查询版权信息。

③根据作者 ID 查询名下的版权信息。

④作者对版权进行转让,完成版权所有人的更名,并将交易的信息上链存证。

⑤功能列表明确之后,每一项的需求和开发任务也就更具体。如图5.8所示。

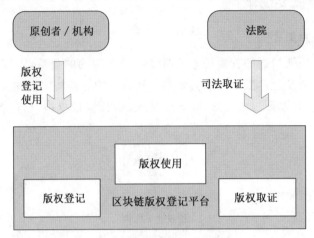

图 5.8 区块链应用架构图

**(三)区块链账本数据结构设计**

要实现版权存证业务的数据结构设计需考虑如何存放数据,版权字段信息的每一条是怎样组织的。版权所有人的信息,交易信息,有了这些信息之后,前面的功能就在数据上面有了支撑。

```
{
    "status":"0060",
    "message":"success",
    "data":{
        "title":{
            "id":"001",
            "name":"白菜"
        },
        "content":[
            {
                "id":"061",
                "value":"你好白菜。"
            },
            {
                "id":"062",
                "value":"你好萝卜"
            }
        ]
```

        }
    }

JSON(Java Script Object Notation)是一种数据交换格式,常用于前后端数据传输。任意一端将数据转换成 JSON 字符串进行网络传输,另一端再将该字符串解析成相应的数据结构,如 String 类型、Strcut 对象等。

上链数据账本均采用 Key Value 格式存储,Value 使用 JSON String 格式(表 5.2~5.4)。

表 5.2 版权存证信息账本

| 字段 | 类型 | 备注 |
| --- | --- | --- |
| Key | String | "Copyright_"+Type+Hash,全链唯一 |
| Type | String | 作品类型 |
| Hash | String | 作品摘要 |
| Content | String | 作品内容 |
| TSA | String | 可信时间戳 |
| Owner | String | 版权拥有人 ID |

表 5.3 用户版权账本

| 字段 | 类型 | 备注 |
| --- | --- | --- |
| Key | String | "Owner"+Owner,全链唯一 |
| Owner | String | 版权拥有人 |
| Copyright_List | String List | 拥有版权 ID 的 List |

表 5.4 版权交易账本

| 字段 | 类型 | 备注 |
| --- | --- | --- |
| Key | String | "Transaction"+Copyrightid+ Timestamp,全链唯一 |
| Copyright_ID | String | 转让的版权 |
| From | String | 原有的版权持有人 |
| To | String | 转让后的版权持有人 |
| Transfer_Time | String | 转让的时间 |

**(四)关键流程图**

根据上述明确的信息,制定版权转让流程图,将功能和数据设计转化为一个个具体的开发任务及各任务间的逻辑关系。如图 5.9 所示。

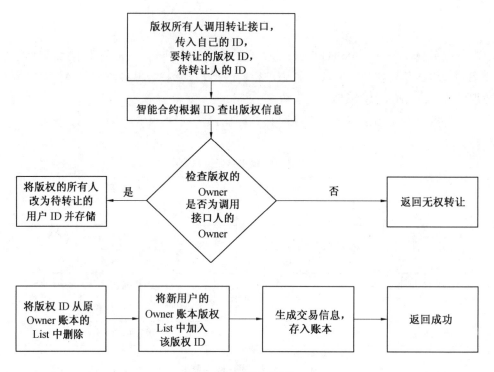

图 5.9 关键流程图

## 四、应用系统详细设计

### (一)接口设计

概要设计完成后,接下来的开发任务就很明确了,正式进入技术环节,完成接口的开发。接口是一个重要的概念,让技术和非技术之间联通起来。完成的第一个接口是版权登记信息上链,函数叫 Copy Right on Chain,创作者获得版权信息上链固化,上链存入版权信息,变得无法篡改。Copy Right 是版权信息字段里面包含的细节项,所有字段信息就同时传到区块链系统里。如表 5.5 所示。

表 5.5 接口设计

| Args | Type | 备注 |
| --- | --- | --- |
| Copyright_info | JSON String | 具体信息 |
| 字段 | 类型 | 备注 |
| Type | String | 作品类型 |
| Hash | String | 作品摘要 |
| Content | String | 作品内容 |
| TSA | String | 可信时间戳 |
| Owner | String | 版权拥有人 ID |

第二个是版权信息查询接口 Query Copy Right，提供版权作品的类型和摘要，提供哈希值能查到的版权信息。如表 5.6 所示。

版权存证信息查询(Invoke_name：Query Copy Right)，返回：版权详细信息。

表 5.6　版权信息查询接口

| Args | 类型 | 备注 |
| --- | --- | --- |
| Type | string | 作品类型 |
| Bash | string | 作品摘要 |

用户拥有版权查询(Invoke_name：Query Owner Copy Right)，返回：用户拥有的版权列表。如表 5.7 所示。

表 5.7　用户拥有版权查询

| Args | type | 备注 |
| --- | --- | --- |
| Owner | string | 用户 ID |

版权交易(Invoke_name：Trasfer Copy Right)。如表 5.8 所示。

表 5.8　版权交易

| Args | Type | 备注 |
| --- | --- | --- |
| Copyright_id | String | 版权 ID |
| Prev_owner | String | 原来的 Owner |
| Cur_owner | String | 待转让的 Owner |
| Transfer_time | String | 转让时间 Timestamp |

## (二)网络拓扑架构

拓扑结构是根据场景实际情况决定网络结构。区块链是一个分布式系统，计算机参与进来会属于不同的节点和身份。计算机专家会根据系统服务人数、系统要求、响应速度要求，对区块链网络结构进行设计。一般来说，机构接入 Fabric 联盟链有三种方式。

(1)拥有自主 Orderer 和 Peer 节点，参与分发区块和记账。

(2)只拥有自主的 Peer 节点，只参与记账。

(3)自身不拥有节点，只拥有客户端用户证书，调用别的组织的节点或者公共节点 Peer。

一般一个机构会至少拥有两个 Peer 节点，通过 Peer 节点自己完成数据备份，防止一个节点宕机引发系统故障。如图 5.10 所示。

## (三)技术栈选择

技术人员做开发时，会涉及技术栈选择。技术栈选择时，可考虑以下因素。

(1)底层链选择超级账本，超级账本的社区建设比较完善，功能齐全，易于使用。

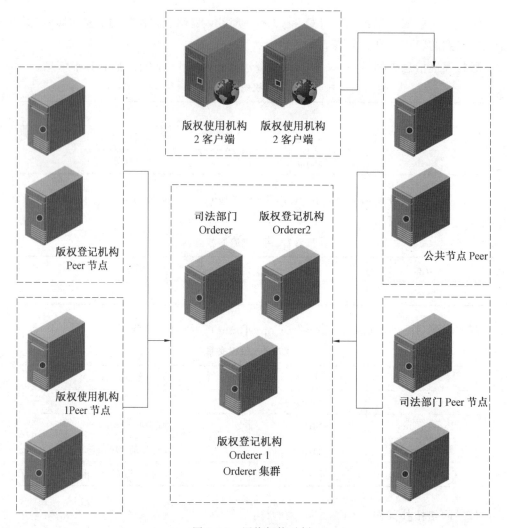

图 5.10 网络架构示例

(2) 智能合约开发使用 Go 语言,是目前主流的合约开发语言。

(3) 使用 Java Sdk 开发客户端。公司 Java 工程师多,业务系统也均使用 Java,保持统一。

# 第六章 文档管理

## 一、基本概念

### (一)文件系统

计算机系统对系统中软件资源,无论是程序或数据、系统软件或应用软件都以文件方式来管理。文件是存储在某种介质上的(如磁盘、磁带等)并具有文件名的并且在逻辑上具有完整意义的一组有序信息的集合。

文件系统是操作系统中实现对文件的组织、管理和存取的系统程序,或者说文件系统是管理软件资源的软件,文件系统是用户和外存的接口。其有以下功能。

(1)实现文件按文件名存取,实现从文件名到物理存储地址的转换。

(2)管理文件存储空间的分配和回收。

(3)实现文件的基础操作:新建、删除、修改等操作。

(4)实现文件共享和安全性。

(5)实现文件目录的管理。

(6)向用户提供文件系统的接口。

### (二)文件组织形式

文件组织形式指文件的构造方式,从用户观点出发观察到的文件组织结构称为文件逻辑结构,文件在外存上的存储组织形式称为文件物理结构,又称文件存储结构。

1. 文件逻辑结构

由用户确定的文件结构,逻辑文件从结构上分成两种形式:一种是无结构的流式文件,另一种是有结构的记录式文件。流式文件是指对文件内信息不再划分单位,它是依次的一串字符流构成的文件。记录式文件是用户把文件内的信息按逻辑上独立的含义划分信息单位,每个单位称为一个逻辑记录。所有记录通常都是描述一个实体集,有着相同或不同数目的数据项,记录的长度可分为定长和不定长两类。

(1)记录文件。

记录文件有堆、顺序、索引、索引顺序和直接文件几种。

①堆文件(连续结构)。堆文件是最简单的记录文件。数据按先来后到的次序组织,每个记录所包含的数据项是自我标识的,数据项的长度可以明确指定或使用界定符区分。在堆文件中访问所需要的记录需穷尽搜索,这种文件组织不适合大多数应用。

②顺序文件。顺序文件的记录定长,记录中的数据项的类型长度与次序固定,一般还有一个可以唯一标识记录的数据项,称为键(Key),记录按键值的约定次序组织。顺序文件常用于批处理应用,对于查询或更新某个记录的请求的处理性能不佳。

③索引文件。索引文件对主文件中的记录按需要的数据项(一个或几个)建索引表，对记录不需要进行排序。这时记录可为不定长的，它为每个记录设置一个表项。索引文件本身是顺序文件组织。

④索引顺序文件(多重结构)。索引顺序文件是基于键的约定次序组织的(先进行按键排序)，为之建立一张索引表，为每个不同键值的记录组的第一个记录设置一个表项，为该组的其他记录设置记录链表，链表记录按顺序文件方式组织。它是顺序文件和索引文件的结合。索引顺序文件既适用于交互方式应用，也适用于批处理方式应用。

⑤直接文件。直接文件又称哈希文件，它可以对记录在直接访问存储设备上的物理地址直接(随机)访问。直接文件常用于需要高速访问文件而且每次访问一条记录的应用中。

(2)逻辑结构存取方法。

用户通过对文件的存取来完成对文件的修改、追加和搜索等操作。常用的存取方法有顺序存取法、随机存取法(直接存取法)和按键存取法三种。

①顺序存取法。按照文件的逻辑地址顺序存取，在记录式文件中，反映为按记录的排列顺序来存取，在无结构的字符流文件中，顺序存取反映当前读写指针的变化。

②随机存取法。允许用户根据记录的编号来存取文件的任一记录，或者根据存取命令把读写指针移到欲读写处来读写。

③按键存取法。一种用在复杂文件系统(用索引顺序文件搜索)，特别是数据库管理系统中的存取方法，文件的存取是根据给定的键或记录名进行的。

UNIX、Linux 和 Windows 等操作系统都采用顺序存取和随机存取两种方法。

2. 文件物理结构

文件在存储介质上的组织方式称为文件的存储结构或称为物理结构、物理文件。常用的物理文件有顺序文件、链接文件、索引文件。

(1)顺序文件。把逻辑文件中连续的信息存储到磁盘连续的物理盘块中所形成的文件称为顺序文件。这种文件保证了逻辑文件中逻辑记录(流式文件为逻辑块、页)顺序和存储器中文件占用盘块顺序的一致性。为使系统能查找文件中任一记录，在文件控制块 FCB(或在目录)中存放文件第一个记录所存放的盘块号 ADRR 和文件总的盘块数 N。顺序文件的优点是管理简单，顺序存取速度快。它的缺点是增删记录相当困难，磁盘存储空间的利用率不高，有外零头。所以顺序文件只适用于长度不变的只读文件。

(2)链接文件。在将逻辑文件存储到外存上时，不要求为整个文件分配连续的空间，而是可以装入离散的多个盘块中，只在每个盘块最后一个单元设置链接指针，然后用链接指针将这些物理上离散的逻辑上连续的盘块链接成一个队列，这样形成的物理文件称为链接文件。管理链接文件只需在文件控制块 FCB 中设两项，一是存储文件头块信息的盘块号，二是存储文件尾块信息的盘块号。

链接文件的优点是盘存储空间利用率高，文件增删改记录方便，它的缺点是在随机存取某一个记录前需要分多次盘 I/O 操作读该记录前的文件信息以取得该记录的盘块号，才能存取该记录。如要读取逻辑块号第 3 块的信息，就要先进行 3 次盘 I/O 操作以读取存放第 3 块逻辑块信息的盘块号,所以链接文件只适用于顺序存取文件。

(3)索引文件。索引文件是实现非连续存储的另一种方法,系统为加快记录的检索过程,为每个文件建立了一张索引表,每个逻辑块在索引表中占有一个表项,登记存放该逻辑块的盘块号。

管理有多个盘块的索引表有两种方法:一种方法是将存放索引表的盘块用链接指针链接起来称为链接索引。

链接索引可以顺序地读取索引表各索引表项,但读取后面的索引表项类同链接文件需要分多次盘 I/O 操作。

另一种方法是采用多级索引,即为索引表本身建立索引表,从而形成了两级索引,如所形成的两级索引表还不能存放在一个盘块中,则需要为二级索引表建索引表,而形成三级索引。

索引文件由于它既适合顺序存取记录又适合按任意次序随意存取记录,也便于增删文件的记录,所以索引结构文件应用范围较广。索引文件的缺点是当文件很大时索引表很庞大,占用了许多盘空间,而在文件很小时,多级索引级别又不变,从而造成存取速度减慢。

## 二、文件目录管理

### (一)文件目录管理概述

为了实现"按名存取",系统必须为每个文件设置用于描述和控制文件的数据结构,它至少要包括文件名和存放文件的盘物理地址,这个数据结构称为文件控制块 FCB,文件控制块的有序集合称为文件目录,即一个文件控制块 FCB 就是一个文件目录项。

文件控制块 FCB 中包含的信息有以下三类。

1. 基本信息类

文件名:标识一个文件的符号名,在每个系统中文件必须具有唯一的名字。

文件的物理地址:由于文件的物理结构不同而不同。对于连续文件就是文件的起始块号和文件总块数;对于 MS-DOS 是文件的起始簇号和文件总字节数;对于 UNIX S V 是文件所在设备的设备号、13 个地址项和文件长度等。

2. 存取控制信息类

文件的存取权限 UNIX 用户分成文件主、同组用户和一般用户三类,这三类用户的读写执行(RWX)的权限。

3. 使用信息类

文件建立日期、最后一次修改日期、最后一次访问的日期;当前使用的信息:打开文件的进程数,在文件上的等待队列等。

### (二)目录文件类型

若干个文件目录组成一个专门的目录文件,目录结构的组织关系到文件系统的存取速度,关系到文件共享性和安全性,常用的目录文件结构有单级目录、两级目录和多级目录。

（1）单级目录：文件系统在每个存储设备上仅仅建立一个目录文件的目录结构，称为单级目录，目录文件中每一个目录项对应一个文件，单级目录结构简单，能实现目录管理的基本功能——按名存取，但存在查找速度慢、不允许重名和不便于实现文件共享等缺点，因此它只适用于单用户环境。

（2）两级目录：文件系统在存储设备上将目录文件分为两级：系统目录（主目录）和用户目录。主目录中存储了用户目录名和指向用户目录的指针，每个文件都由系统目录中的用户目录和用户目录的文件名标识，这种标识具有唯一性。这种结构仅适用于解决文件重命名的问题。

（3）多级目录：采用树形数据结构，形成一种树形的结构目录。

### (三)存取路径

路径名从根目录开始到该文件的通路上所有各级目录名拼起来得到，各目录名之间与文件名之间可用分隔符隔开。从根目录经各级子目录到达文件的通路上的所有子目录名称为文件的存取路径。像我们用的 Windows 系统，一份 Excel 第一步保存到桌面或是下载文件夹，都是在进行文件资源管理。有了存取路径，任何一个文件都可以规整到自己想要的路径下。

### (四)文件共享性

系统中有许多通用的文件，为了实现文件共享，文件系统在建立目录文件的时候，应该采用有效的方法实现文件的共享。例如树形多级目录中可以通过无环结构目录图状结构目录，通过指针指向实现文件共享。

一种有效实现文件共享的方法是基本文件目录表法。该方法把所有目录内容分为文件名和文件说明两部分。一部分称为符号文件目录(SDF)，包含文件符号名和由系统赋予唯一的内部标识符 ID 组成。另一部分称为基本文件目录(BDF)，包含目录项中除文件符号名外的所有其他信息，并加上与符号目录一致的内部标识符 ID。标识符 ID 是各文件在基本文件目录中表目的排序号。UNIX/Linux 采用了基本文件目录法目录结构。

## 三、存储空间分配管理

### (一)磁盘的逻辑组织

存储空间分配指在磁盘上如何组合信息的存放。一个物理磁盘在逻辑上可分为几个区域，分区信息存放在主引导块分区表中。分区表中保存磁盘各种分区起始和终止的磁头、柱面、扇区、总的扇区数等信息。

在主引导块中有三种类型分区：主分区、扩展区和逻辑分区。主分区是常用的，加载一个操作系统所需文件安装其上，操作系统必须从主分区上引导，一个硬盘上只能有四个主分区。为了突破四个分区的限制，就要在四个分区中创建一个扩展分区。扩展分区其实是一个逻辑盘，它不能格式化，也不能分配盘符。但可在扩展分区中创建一个或多个逻辑分区，或称逻辑驱动器、卷(Volume)。每个逻辑分区分配一个盘符，可以格式化成一个特定的文件系统。

为了实现存储空间的分配和回收，系统应为存储空间设置相应的结构以记住存储空间的使用情况，并配以相应算法方便对存储空间进行分配和回收。

1. 空闲表法

空闲表法属于连读分配方法，它为外存上所有空闲区建立一张空闲表，每个空闲区对应一个空闲表项，其中包括序号、该空闲区的第一盘块号、该区的空闲盘块数等信息，再将所有空闲区按起始盘块号递增的次序排列。UNIX SV 操作系统盘对换区空间管理采用空闲表法，它与内存系统页表管理采用同样的数据结构和分配回收算法。空闲表法的缺点是盘利用率不高，需要专用盘区来存放空闲表，在文件系统中较少采用连续分配。

2. 位示图法

位示图是利用二进制的一位来表示磁盘中一个块的作用情况，当其值为 0 时表示对应盘块空闲；值为 1 时盘块已分配。磁盘上所有盘块都有一个二进制位与之对应，这样，由所有盘块所对应的位形成了一个集合称为位示图，位示图用磁盘块存放，称为位图块。

例如，SCO UNIX 操作系统盘块大小为 1KB，每个位图块有 8 192 位，即每个位图块能管理 8MB 磁盘空间，要管理大的磁盘空间就需要多个位图块，这就需增设位图索引块，每个位图块块号用 4B 记录，这样一个位图索引块可管理 256 个位图块，总共管理 2GB 大小磁盘空间。位图块在管理的 8 192 块盘块的最前面，位图块中第 $i$ 个字节($i=0,1,\cdots,1\ 023$)的第 $j$ 位($j=0,1,\cdots,7$)管理的块在该图块后块数为 $N=i*8+j$。Windows2000、Linux 等操作系统的盘块管理都采用位示图法。

3. 空闲块链接法

空闲块链接法是将磁盘上所有空闲盘区链接在一个队列中，称为空闲块链。请求分配时从链头依次摘下适当数目的空闲盘块来分配，回收时将回收空闲盘块链入空闲块链尾部。空闲块链接法的优点是不需专用块存放管理信息，它的缺点是连续分配回收多块空闲块时需增加盘 I/O 操作。

4. 链接索引块

将空闲的物理存储块分组，每组通过指针链接起来，每组设置头指针指向下一组空闲物理存储块。此链表称为链接索引块。链表的头指针存放在特殊的块中。一般头指针存放在每一组的第一表目中，因此分配空闲分块时应该从每一组的表尾开始查询，直到表头。当到表头时，将表头的内容赋值到特殊块中，此时特殊块中指向下一组空闲存储组进行分配。

（二）文件存储空间分配

连续分配是针对物理存储结构为连续存储的文件，在 FAT 表中对连续文件的记录是文件名、文件存储的起始块、文件存储的长度。连续分配的优点是查找速度快，但是不适合文件的动态增长和减少的情况。

索引分配是对每一个文件存储空间分配一个索引块存储文件存储块索引表，索引表中可以记录存储块标号，或者是存储块起始标号和长度。这样文件就可以不连续地存储在存储介质中,有利于文件的动态变化。但是缺点是,要为索引块单独分配存储块,当索引块较大时浪费存储空间。

链表分配解决了上述两种方法的缺点,FAT中记录了文件存储块的起始位置和长度,而实际中每一个存储块之间用指针链接,该方法最大的优点就是有利于消除碎片,有效地利用零散的存储空间,但是缺点是查找搜索时间将会较长,而且在存储块中指针要占用一定的空间。

## 四、文件安全

### (一)文件安全影响因素

影响文件安全性的主要因素:第一是人为因素,即由于人们有意或无意的行为,而使文件系统中的数据遭到破坏或丢失;第二是系统因素,即由于系统的某部分出现异常情况,而造成对数据的破坏或丢失,特别是作为数据存储介质的磁盘,在出现故障或损坏时,会对文件系统的安全性造成影响;第三是自然因素,即存放在磁盘上的数据,随着时间的推移将可能发生溢出或逐渐消失。

为确保文件系统安全性,可针对上述原因采取以下措施:通过存取控制机制来防止由人为因素所造成的文件不安全性;通过磁盘容错技术,来防止由磁盘部分的故障所造成的文件不安全性;通过"后备系统"来防止由自然因素所造成的不安全性。

### (二)文件保护

文件系统对文件的保护常采用存取控制方式进行,所谓存取控制就是不同的用户对文件的访问规定不同的权限,以防止文件被未经文件主同意的用户访问。

1. 存取控制矩阵

理论上存取控制方法可用存取控制矩阵,它是一个二维矩阵,一维列出计算机的全部用户(进程),另一维列出系统中的全部文件,矩阵中每个元素 $A_{ij}$ 是表示第 $i$ 个用户对第 $j$ 个文件的存取权限。通常存取权限有可读、可写、可执行以及它们的组合。

存取控制矩阵在概念上是简单清楚的,但实现上却有困难。当一个系统用户数和文件数很大时,二维矩阵要占很大的存储空间,验证过程也费时。

2. 存取控制表(文件能被访问的用户)

存取控制矩阵由于太大而往往无法实现。一个改进的办法是按用户对文件的访问权力的差别对用户进行分类,由于某一文件往往只与少数几个用户有关,所以这种分类方法可使存取控制表大为简化。UNIX系统就是使用这种存取控制表方法,它把用户分成三类:文件主、同组用户和其他用户,每类用户的存取权限为可读、可写、可执行以及它们的组合。在用ls长列表显示时每组存取权限用三个字母RWX表示,如读、写和执行中哪一样存取不允许则用"-"字符表示,用 $ ls -l 长列表显示 ls 文件如下:

-r-xr-xr-t 1 bin bin 43296 May 13 1997 /opt/K/SCO/Unix/5.0.4Eb/bin/ls

显示前2~10共9个字符表示文件的存取权限,每3个字符为一组,分别表示文件主、同组用户和其他用户的存取权限。

由于存取控制表对每个文件将用户分类,所以该存取控制表可存放在每个文件的文件控制块(即目录表目)中,对 UNIX 它只需 9 位二进制来表示三类用户对文件的存取权限,它存在文件索引节点的 di_mode 中。

3.用户权限表(用户能访问的文件)

改进存取控制矩阵的另一种方法是以用户或用户组为单位将用户可存取的文件集中起来存入表中,这称为用户权限表,表中每个表目表示该用户对应文件的存取权限,这相当于存取控制矩阵一行的简化。

**(三)文件备份**

文件系统中不论硬件和软件都会因电源中断和变化、用户不慎的操作而发生损坏和错误,所以为使至关重要的文件系统万无一失,应对保存在辅存中的文件采取一些保险措施,这些措施中最简便的方法是"定期转储(备份)",使一些重要的文件有多个副本。

文件备份分为逻辑备份和物理备份,逻辑备份是以文件为单位的备份,物理备份是以字节或数据块备份的,物理备份的是整个磁盘的数据。

分级备份:为了使备份更有效,可将备份分为几个等级,最低级的备份级是全量转储,它将文件存储器中所有文件都保存起来,由于全量转储的信息量大,对大系统要费时数小时,转储时系统必须停止向用户开放,所以全量转储的时间间隔相对较长。为了防止在二次全量转储之间信息丢失,在二次全量转储间又要排出增量转储,增量转储是将前一段时间内修改过的文件和新文件保存起来。

常规备份:这种备份方式将拷贝所有选定的文件,且将其标记为已经备份状态。常规备份时,用户仅需要备份文件的最近一次副本用以恢复所有的文件。

增量备份:这种备份方式只备份那些自从上一次常规或增量备份后创建的或改动的文件,且将其标记为已经备份。如果用户将常规备份与增量备份结合起来使用,则需要最后一次常规备份集合和所有的增量备份集合以便于用来恢复数据。

拷贝备份:这种备份方式将拷贝所有选定的文件,但不将文件标记为已经备份。拷贝对于常规备份和增量备份之间的文件备份而言十分有用,因为它不影响其他备份操作。

日常备份:这种备份方式是拷贝在实施日常备份的当天被改动的选定文件。备份文件不标记已备份状态。

在备份之间数据改动量巨大或为其他备份种类提供基准时,常规备份是最好的。增量备份最适宜于记录频繁改动的数据过程。差异备份简化了恢复文件时的过程。用较少的介质实施长期存储时,用户可使用常规备份与增量或差异备份相结合的方式。

# 第三篇　区块链测试

# 第七章　测试设计

## 一、测试理论与流程

### (一) 测试发展史及概念

软件测试的发展过程包括五个重要时期。

在 1957 年之前,软件测试处于调试即测试时期。这个时期也只有少部分的科学家能够去做软件开发,因此在那个时代,软件开发人员一个人承担起了需求分析、软件设计、软件开发、软件测试等所有的软件开发工作,软件调试和测试没有进行区分。

1957～1978 年,软件测试处于论证时期。这个时期的软件测试是在论证软件做的是否正确。在软件测试论证时期,软件测试提出了两个关键性的观念:一是明确了调试是由开发者来做软件的调试开发工作。因此调试是确保程序做了程序员想让程序做的事情。二是测试是由测试工程师进行软件测试工作,确保程序解决了它应该解决的问题。

1979～1982 年是破坏性测试性时期。在这个时期,软件测试是为了发现软件错误,而执行程序的一个软件过程。1983 年起,软件测试已有了行业标准(IEEE829),它需要运用专门的方法和手段,需要专门人才和专家来承担测试工作,这个时候的软件测试以评估为主。1990 年起,软件迅速发展,测试行业也发生了巨大的变化,开始引入专业的测试工具和专业的测试工程师,形成以预防为主的测试观念,并一直沿用至今。如图 7.1 所示。

| 证明<br>表明软件<br>能够工作 | 检测<br>发现错误 | 预防<br>管理质量 |
| --- | --- | --- |
| 20 世纪 60<br>年代 | 20 世纪 70<br>年代中期 | 20 世纪 90<br>年代 |

图 7.1　测试发展主要历程

### (二)测试目的和原则

**1. 软件测试目的**

我们为什么要进行软件测试？软件总存在缺陷，有缺陷的软件也许仅仅给用户带来了不便，但也可能是灾难性的。有缺陷的软件，不仅是给用户带来了一些不便和损失，也可能会给公司和团队带来一些灾难性的后果。在软件应用的范围越来越广泛、软件的工程化程度越来越高，复杂度越来越高、竞争越来越激烈的企业生存环境情况下，通过软件测试，尽可能减少缺陷，保证软件质量显得格外重要。

软件测试的目的是要以最少的时间和人力找出软件中存在的各种错误和缺陷。测试是程序执行的过程，目的在于发现错误。软件测试要解决的问题是：软件的行为是否符合规定的要求，它有两个方面的含义，其一是软件是否做了规定要做的事，其二是软件是否做了没有规定要做的事。那么测试是为了证明这个程序有错，而不是证明他无错，当我们证明不了程序有错的时候，说明程序是按照客户的需求做的编程。

**2. 软件测试的原则**

(1) 以客户需求为主体。

软件测试应该要追溯到这个用户的需求，用户的需求才是决定软件应该去做什么，即软件要实现的功能和效果。软件测试需求主体应该是来自于用户的需求，详细的需求应该是来自于产品经理对客户需求综合分析，进行需求转化后，对产品后续的一个迭代更新，逐步地适应市场或是增强软件产品在市场上的竞争力而提出的需求。

(2) 尽早和不断地进行软件测试。

软件测试不是一次性的工作，它是不断反复地去测试某一个功能，发现问题后，软件测试会进入上交漏洞、程序员修改、重新测试，直至系统功能全部按照规划开发和交付的循环测试中。尽早地进行软件测试，能够降低漏洞导致时间浪费和其他损失的风险。

(3) 测试需要终止。

完全测试是不可能的，测试需要终止，因为测试时间依据系统的交付或上线时间而定。因此测试的过程需要我们人为终止。

(4) 测试无法显示软件潜在的缺陷。

在做测试设计时，会先根据客户需求、运行场景等分析出一个测试的范围。测试工作围绕着测试范围进行、模拟环境不足等因素会直接导致测试范围狭隘，因此没有办法测试到程序潜在的缺陷。

(5) 注意测试中的群集现象。

在所测程序段中，若发现错误数目多，则残存错误数目也比较多。这种错误群集性现象，已为许多程序的测试实践所证实。例如，在美国 IBM 公司的 OS/370 操作系统中，47%的错误仅与该系统的 4%的程序模块有关。这种现象对测试很有用。如果某一程序模块似乎比其他程序模块有更多的错误倾向，则应当花费较多的时间和代价测试这个程序模块。

(6)程序员应避免检查自己的程序。

程序员在提交测试代码后,应避免程序员自行测试,在测试过程中,程序员无法客观全面地测试代码和功能的正确性,容易导致测试结果偏差大,产品交付风险值增加。

(7)尽量避免随意测试。

测试这项工作必须得有目标、有计划地进行。测试过程应当依照测试计划进行,并按照测试计划中规定的测试内容、次序、用例、时间进行测试。

(8)测试用例应该包括合理输入条件和不合理输入条件。

测试的过程是证明软件有错的过程,测试用例是执行软件的过程,因此通过在执行测试用例时输入合理条件和不合理条件进行测试,正向和反向验证使得测试结果更加可靠。合理输入条件指编写测试用例时,遵照业务逻辑过程和产品规划书内容进行编写,不合理输入条件指编写测试用例时,不按照系统功能模块设定内容进行编写。

(9)应当彻底检查每个测试的执行结果。

每个测试任务会用到很多测试用例,较多公司甚至为了增加测试代码覆盖率,降低测试过程中人力不足带来的测试缺陷,搭建一套自动化测试平台。每一个测试用例的执行结果,我们都要去认真仔细地查看。根据执行结果进行下一步测试操作。

(10)妥善保存测试相关的文档及数据。

妥善保存测试过程中产生的文档和数据,如:客户需求说明书、软件规格说明书、测试计划、测试结果等,对软件测试后期进行问题溯源、问题整改、责任辨别、软件质量管理有不可或缺的作用。

### (三)测试的整体流程

#### 1.需求分析

测试的第一个流程是需求分析,根据产品需求规格书、上线时间等多个与测试任务有关的参数做测试要点分析、功能交付分析、质量特性分析、测试类型分析,形成测试需求,为完成测试计划编写提供依据。通过需求分析得出的测试需求需要进行需求评审,评审通过后,才能正式采用测试需求,否则重新进行需求分析,参会人员包括产品需求人员、开发人员、测试人员、配置管理人员。

#### 2.测试用例编写

依据测试需求编写测试用例,即:测什么?用什么测?测试用例的编写必须要围绕测试需求进行编写,满足测试用例最基本要求:具有清晰名称、前提条件、操作步骤、期望结果的;可被他人理解的;可被他人执行的。

#### 3.测试用例评审

为保证测试用例能够对测试过程起到作用,需要对测试用例的实用性进行评审,参会人员包括了产品需求人员、开发人员、测试人员、配置管理人员。会上确定测试用例的可用性,通过测试用例评审后,才能作为本次测试的用例使用。

#### 4.搭建测试环境

由运维人员、开发人员、测试人员共同准备软件测试环境,测试环境与产品实际运行的场景和客户的使用习惯越接近,产品的交付力越强。常见的测试环境需要涵盖网络、硬件机器、系统版本等等,例如:测试对象是一个 B/S 架构,PC 端产品。那么对应的测试环境包括浏览器版本、PC 机性能参数、PC 机操作系统的版本、网络带宽等均要和客户使用场景一致。

5.开发提交测试包

开发工程师按照产品需求规格书和产品功能规格书编写程序,编写完成后将被测产品封装,并提交给测试。

6.部署测试包

运维或测试人员将测试包部署在测试环境中,此时进行系统测试的要素全部集齐,可以开始进行系统测试。

7.冒烟测试

冒烟测试主要是指针对最基本的功能或最主要的业务流程进行测试。一般在开发提测,软件测试人员拿到提测版本并部署到测试环境后,首先就需要进行冒烟测试,这时候测试主要关注在检查服务器的网络连通、数据库连通性、最基本功能(登录)等等;待到临近发布的版本时,冒烟测试还需要关注软件的核心业务流程(以电商购物流程为例,即:注册→登录→选商品→购物车→支付→订单管理)。冒烟测试通过后,再执行深入测试的测试用例,执行完成后,查看用例执行结果,提交漏洞到开发团队进行修改。

8.执行测试用例

冒烟测试通过后,再执行深入测试的测试用例,执行完成后,查看用例执行结果,提交漏洞到开发团队进行修改。

9.漏洞跟踪处理

已经发现的漏洞进行跟踪处理,开发处理后,再次进行测试,直至漏洞解决。

10.N 轮测试

系统测试过程不是一次性过程,需要进行 N 轮测试。按照测试计划进行 N 轮测试,将系统出现漏洞的概率降到最低,直至系统功能符合客户需求。

11.测试结束

软件测试的过程是无休止的,当测试的代码覆盖率达到测试计划要求;严重错误和主要错误的缺陷修复率必须达到100%,不允许存在功能性的错误;次要错误和一般错误的缺陷修复率必须达到85%以上,允许存在少量功能缺陷,后面版本解决;对于较小错误的缺陷修复率最好达到60%~70%;缺陷出现次数越来越低,软件呈越发稳定的趋势时,并且测试成本越来越高,甚至找出漏洞的成本超出了客户使用发现漏洞,此时可以人工干预,进行测试项目结项,做一个测试的结束。

## 二、测试设计过程

### (一)测试设计的定义与作用

测试设计就是描述所有要完成的测试工作,包括被测试项目的目的、背景、范围、资源、进度、环境、策略以及与测试有关的风险和措施等方面,最终形成测试方案。

测试方案通常分内部作用和外部作用,对内作为测试计划结果,让相关人员和开发人员共同评审,为后续测试过程提供测试进程和要求指导,改善测试任务与测试过程的关系,提高测试的组织、规划和管理能力。对外提供标准的测试过程,给客户提供一种十分专业的信心,向顾客交代有关测试过程、人员的技能、资源、使用的工具等信息。

### (二)如何做好测试设计

第一步,认真做好测试资料的一个收集整理,包括产品需求文档、软件需求规格书、软件开发规格书、可行性研究报告等等。第二步,明确测试目标。明确测试要做什么,要实现什么样的效果,达到什么样的目的。第三步,增强测试设计的实用性,测试设计过程符合被测对象的使用场景和功能、性能要求。

测试设计编写要遵循 5W1H 的规则。5W1H 中的 5 个 W,第一个是 Why,即为什么要测试,明确测试的目的。第二个是 What,即要测试什么,明确测试的对象范围和内容。第三个是 When,即什么时候测试,明确测试的开始时间和结束时间。第四个是 Where,即在哪里测试,明确测试软件和文档存放的位置。第五个是 Who,即谁来测试,例如测试工程师,或者用户一起参与测试。H 是 How,即怎么样测试,明确测试办法,例如常见的方法:静态测试、动态测试、白盒测试,黑盒测试等。

最后,谨记测试计划按需更新,因为软件开发是一个循序渐进的过程,那么测试计划要根据需求的变更,做到及时变更。

### (三)测试设计模板

测试设计内容主要包括测试的目标和范围、任务分配和进度安排、制定测试策略和测试风险预防、测试验收指标。

在做测试设计时,测试设计方案会根据需求变更进行多次修改,因此,首先要做好版本变更记录,为后续进行版本回溯和问题溯源提供依据。

1.制定测试的目标和范围

测试目标需要依照用户的功能需求制定,例如:云闪付作为日常的银行支付交易类产品,用户端常以手机 APP 形式,提供的主要服务包括银行卡申请、激活、交易、注销、锁定、挂失。保障用户的主要功能业务正常使用是第一个版本必须完成的,因此云闪付的主要测试目标如下。

(1)项目一期首先通过对接银联云端支付平台和 TSP 平台,实现本行信用卡的支付功能。

(2)本行信用卡持卡客户可通过本行手机客户端申请云卡后,实现线下和线上支付功能。

(3)测试范围的圈定,是根据业务功能模块而制定,根据 TF 文档针对每个功能点进行多用例覆盖测试,并按业务需求将各个功能点组织进行业务流程测试。例如云闪付的功能模块主要包括了 UI 展示、卡申请、激活、交易、注销、锁定、挂失,因此测试的范围也是这些功能模块。

#### 2. 任务分配和进度安排

在确定测试目的和测试范围后，结合项目的交付时间节点，在项目交付前，完成所有的功能模块测试工作，每项工作分工后责任到人，测试组按照分工情况执行测试流程。

(1) 制定测试策略。

根据项目需求规格书，我们分析出基本功能、客户体验、机器兼容性、异常场景处理等，涉及系统为：移动服务平台、客户信息管理平台、企业服务总线平台等特征，依据这些特征制定测试策略，如：选择测试技术和手段，确定完成标准，选择测试方法，测试工具，搭建测试环境。

(2) 测试风险预防。

从测试人员组成、测试时间、测试实现方式、程序版本控制等角度阐述测试过程中可能出现的风险，尽可能早地暴露测试风险点。常见的测试风险因素包括：测试人员不懂业务，不能形成正确的测试用例，测试环境与真实应用环境偏差，测试时间紧迫等。

(3) 验收指标。

测试计划验收指标分为三个方面，一是交付物是否齐全，即执行流程是否规范，过程文件是否齐全，例如前期做的测试需求分析，出具需求分析文件和评审意见，根据测试需求做出的测试计划书和测试方案，按照客户需求形成的测试用例，测试用例执行完成生成的测试报告。二是测试用例符合要求：版本测试需要测试用例 100% 覆盖设计文档要求，并且需要进行评审。版本用例要 100% 执行。三是版本验收缺陷修复率符合要求：将缺陷分为三个等级：紧急，严重级别错误修复率应达到 100%；普通级别错误修复率应达到 85% 以上；优化级别修复率应达到 55% 以上。

### 三、测试文档分析方法

#### (一) 测试需求分析定义的方法

测试需求分析是掌握被测系统的过程，一般测试和开发人员都要进行需求分析，测试方做的需求分析成为测试需求分析。

首先我们要清楚什么是测试需求？测试需求解决了测试什么的问题，指明了被测对象中有什么是需要测试的。

测试需求的方法通常以软件开发需求为基础，从需求出发，在测试需求分析前，收集好关键性的客户需求文件，如：软件规格说明书(SRS)、合同、客户往来邮件等，细化分解后，得出测试需求，例如分析软件开发需求功能涉及环境、场景、数据流向等都为测试需求提供依据。

同时，测试需求分析的范围要能够全部覆盖已定义的业务流程，需求分析人员通常是有相关业务经验的测试工程师，同时分析的范围包括功能和非功能的需求，例如环境、用户年龄层等。

#### (二) 测试需求分析的要素和方法

测试需求分析分三步走。第一步梳理：通过列表的形式对软件开发需求进行梳理，形成原始测试需求列表,列表的内容包括需求标识、原始测试需求描述;第二步标示:将每一条软件需求对应的开发文档及章节号作为软件需求标识;第三步描述:使用软件需求的简述作为原始测试需求描述。

最后进行测试需求评审,保证测试需求能充分覆盖软件需求的各种特征,重点关注功能要求、数据定义、接口定义、性能要求、安全性要求、可靠性要求、系统约束等方面,同时还应关注是否覆盖开发人员遗漏的、系统隐含的需求。保证所描述的内容能够得到相关各方的一致理解,各项测试需求之间没有矛盾和冲突,各项测试需求在详尽程度上保持一致,每一项测试需求都可以作为测试用例设计的依据。

# 第八章 测试环境搭建

## 一、测试分类

### (一)测试的对象

根据软件的定义,软件包括程序、数据、文档,所以软件测试不仅仅是对程序进行测试,而是贯穿于整个软件生命周期。在整个软件生命周期中,各阶段有不同的测试对象,形成了不同开发阶段的不同类型的测试。需求分析、概要设计、详细设计以及程序编码等各阶段产生的文档(包括需求规格说明、概要设计、详细设计)以及源程序,都应作为"软件测试"的对象。举例说明,在没有完成软件代码编程时,我们可以采取静态测试,在会议室,由产品、开发、测试,共同在脑海中依据需求规格说明,结合业务知识,对需求规格说明进行规范测试和内容完整测试,提前查漏补缺,降低故障率,为后续进行动态测试和其他测试打下基础。

### (二)划分标准

软件测试分类的划分标准包括:按阶段划分、按是否运行程序划分、按是否查看代码划分、其他划分,每个划分标准下,都对应了不同的测试方式。

1. 按阶段划分

(1)单元测试(Unit Testing),是指对软件中的最小可测试单元进行检查和验证。桩模块(Stud)是指模拟被测模块所调用的模块;驱动模块(Driver)是指模拟被测模块的上级模块,用来接收测试数据,启动被测模块并输出结果。

(2)集成测试(Integration Testing),是单元测试的下一阶段,是指将通过测试的单元模块组装成系统或子系统,再进行测试,重点测试不同模块的接口部门。集成测试就是用来检查各个单元模块结合到一起能否协同配合,正常运行。

(3)系统测试(System Testing),指的是将整个软件系统看成一个整体进行测试,包括对功能、性能,以及软件所运行的软硬件环境进行测试。系统测试的主要依据是系统需求规格说明书文档。

(4)验收测试(Acceptance Testing),指的是在系统测试的后期,以用户测试为主,或有测试人员等质量保障人员共同参与的测试,它也是软件正式交给用户使用的最后一道工序。验收测试又分为 Alpha 测试和 Beta 测试,其中 Alpha 测试指的是由用户、测试人员、开发人员等共同参与的内部测试,而 Beta 测试指的是内测后的公测,即完全交给最终用户测试。

验收测试按是否运行程序划分可分为静态测试(不运行程序)和动态测试(运行程序);按是否查看代码划分可分为白盒测试(研究代码和结构,按代码执行流程测试)、黑盒测试(只关心输入和输出的结果,不查看代码,不依据代码流程测试)、灰盒测试(介于白盒黑盒之间,主要就是接口测试,还有点代码结构,对应于集成测试);其他划分可分为:兼容测试、安全性测试、回归测试、冒烟测试、随机测试、APP测试、接口测试。

2. 按是否运行程序划分

(1)静态测试(Static Testing),是指不实际运行被测软件,而只是静态地检查程序代码、界面或文档可能存在的错误的过程。

静态测试包括:

①对于代码测试,主要是测试代码是否符合相应的标准和规范。

②对于界面测试,主要测试软件的实际界面与需求中的说明是否相符。

③对于文档测试,主要测试用户手册和需求说明是否真正符合用户的实际需求。

(2)动态测试(Dynamic Testing),是指实际运行被测程序,输入相应的测试数据,检查输出结果和预期结果是否相符的过程。

3. 按是否查看代码划分

(1)黑盒测试(Black-Box Testing),只关心输入和输出的结果。

(2)白盒测试(White-Box Testing),去研究里面的源代码和程序结构。

(3)灰盒测试(Grey Box Testing),介于白盒测试与黑盒测试之间的一种测试,灰盒测试多用于集成测试阶段,不仅关注输出、输入的正确性,同时也关注程序内部的情况。

4. 其他划分

(1)回归测试(Regression Testing),对软件的新的版本测试时,重复执行上一个版本测试时的用例。

(2)冒烟测试(Smoke Testing),对一个新版本进行大规模的测试之前,先验证一下软件的基本功能是否实现,是否具备可测性。

(3)随机测试(Random Testing),测试中所有的输入数据都是随机生成的,其目的是模拟用户的真实操作,并发现一些边缘性的错误。

(4)兼容性测试(Compatibility Test),是指检查软件之间能否正确地进行交互和共享信息,包括向前兼容与向后兼容、不同版本间的兼容、标准和规范、数据共享兼容。

下面以按阶段划分作为参考,学习如何对测试进行分类,选择合适的测试技术作为测试方法。

①在项目开发阶段,系统功能开发进行拆分后,分别由不同的开发工程师完成代码的编写,此时我们采用单元测试 UT(Unit Testing),进行功能模块颗粒测试,如模块、过程、函数或一个类的方法。

单元测试属于白盒测试,其主要目的是针对详细设计及编码过程中可能存在的各种错误,主要测试单元内部的数据结构、逻辑控制、异常处理等等。单元测试内容包括:入口和出口函数、输入和输出信息、错误处理信息、部分边界数值测试。

②项目开发集成阶段,即将各个软硬模块进行组装、联合、交互的过程,这个过程我们采用集成测试 IT(Integration Testing),也叫组装测试、联合测试、子系统测试或部件测试,是在单元测试的基础上,将所有模块按照概要设计要求组装成为子系统,验证组装后

功能以及模块间接口是否正确的测试工作。

集成测试属于灰盒测试,其主要目的是针对概要设计中可能存在的问题,主要测试各单元与其他程序部分之间的接口,或模块之间的接口和接口数据传递的关系,以及模块组合后的整体功能。集成测试的方法包括:

(1)非增量式集成:采用一步到位的方法来构造测试。

(2)增量式集成:采用逐步集成方式实现测试。

(3)自顶向下增量式测试:桩程序。

(4)自底向上增量式测试:驱动程序。

当项目完成单元集成后,进入系统整体测试阶段,简称系统测试。系统测试是将已经集成好的软件系统与计算机硬件、外设、网络等其他元素结合在一起,在模拟实际使用的环境下,对软件系统进行一系列的组装测试和确认测试的工作。系统测试类型如下:

(1)功能测试:验证软件是否符合用户潜在的或明确的需求。

(2)性能测试:主要从时间和空间(响应时间,空间:内存,CPU,IO,网络)。

(3)压力测试:测试系统在一定饱和状态,如 CPU、内存等饱和使用情况下,系统能够处理的会话能力,以及系统是否会出现错误。

(4)容量测试:确定系统处理同时在线的最大用户数。

系统测试完成后,项目即将进入验收环节,在验收前我们通常会进行如下测试。

(1)安全性测试:主要包括身份验证、授权、加密。测试系统在防止非授权的内部和外部用户的访问或故意破坏等情况时产生恶性安全事件。比如:普通用户不能拥有系统管理员的权限、同一用户登录不同机器、同时操作对数据的破坏、登录网上银行输入的密码是明文还是密文显示、数据备份和恢复的能力、跨目录文件读取漏洞、SQL 注入、跨站脚本漏洞。

(2)可用性测试:即要保证系统可学、易懂、易操作等等,通常由产品经理或者用户通过操作系统进行测试。

(3)GUI(Graphical User Interface,图形用户界面测试),即测试图形展示是否正常,屏幕分辨率适应等等。

(4)配置测试:通过对被测系统软硬环境的调整,了解各种不同环境对系统性能的影响程度,从而找到系统各项资源的最优分配原则(该方法在每次执行测试时更换、扩充硬件设备,调整网络环境,从而确定各个因素对系统性能的影响,找出影响最大的因素)。

(5)异常测试:检测系统对异常情况的处理,如异常会话、异常操作等。

(6)可靠性测试:检测系统在规定时间内,完成规定任务的能力,例如:3 秒内完成页面响应、30 秒内完成批量多条件查询等。

(7)安装测试:指软件产品在指定环境中被安装的能力。例如:软件的安装类型是文本界面,还是图形导向,是否是绿色无毒软件。

(8)文档测试:主要是对用户手册、操作手册、安装文档等进行的测试。保证用户可以按照文档完成系统安装、部署、操作。

在完成以上项目验收前的测试后,系统测试进入最终阶段:验收测试 UAT(User

Acceptance Test),验收测试也称交付测试,是在软件产品完成了单元测试、集成测试和系统测试之后,产品发布之前所进行的最后测试,是一项确定产品是否能够满足合同或用户所规定需求的测试。

验收测试属于黑盒测试,其主要目的是确保软件准备就绪,并且可以让最终用户将其用于执行软件的既定功能和任务。

验收测试分类如下。

(1)非正式验收测试:Alpha 测试(α 测试)、Beta 测试(β 测试),二者对比见表 8.1。

表 8.1 Aplpha 测试与 Beta 测试对比

| | | Alpha 测试 | Beta 测试 |
|---|---|---|---|
| 共同点 | | 1.都希望从实际终端用户的使用角度来对软件的功能和性能进行测试,以发现可能只有终端用户才能发现的错误<br>2.都不能由测试人员和开发人员完成 | |
| 区别 | 测试环境 | 开发环境或者模拟实际操作的环境下 | 实际使用环境 |
| | 测试人员 | 可以是终端用户也可以是企业内部的用户 | 终端用户(包括潜在用户) |
| | 开发人员是否在场 | 有开发人员在场,实际上是一种受控的测试 | 开发人员通常不在测试现场,测试情况通常不受控 |
| | 关注点 | Alpha 测试关注软件产品的 FLURPS(即功能、局域化、可使用性、可靠性、性能和支持),尤其注重产品的界面和特色。功能性(Functionality)、可用性(Usability)、可靠性(Reliability)、性能(Performance)、可支持性(Supportability) | Beta 测试着重关注产品的支持性,包括文档、客户培训和支持产品的生产能力 |

(2)正式验收测试:有正规的测试过程,需要制定测试计划、定义测试方案、选择测试用例,进行测试,结果提交。着重考虑软件是否满足合同规定的所有功能和性能,文档资料是否完整、准确,人机界面和其他方面。

## 二、测试环境的概念

### (一)测试环境的定义和目的

从软件的编码、测试到用户实际使用,存在着:开发环境、测试环境和用户环境。"环境"指的是被测试软件所运行的软件环境和硬件环境。而测试环境是测试人员为进行软件测试而搭建计算机硬件、软件、网络设备、历史数据等环境的总称。

搭建稳定和可控的测试环境,可以使测试人员花费较少的时间就完成测试用例的执行,无须为测试用例、测试过程的维护花费额外的时间,并且可以保证每一个被提交的缺陷都可以在任何时候被准确地重现。

## (二)测试环境组成

测试环境包含了软硬件环境、网络环境以及提前收集或者经研讨产生的测试相关文档。

(1)硬件环境包括:所需要的计算机的数量,以及对每台计算机的硬件配置要求,包括 CPU 的速度、内存和硬盘的容量、网卡所支持的速度、打印机的型号等,见表 8.2。

表 8.2 硬件资源举例

| 序号 | 资源名称 | 详情 | 数量 |
|---|---|---|---|
| 1 | PC 机 | Linux | 1 |
| 2 | CPU | 8 核 | 1 |
| 3 | 硬盘 | 100G | 2 |

(2)软件环境包括:部署被测应用的服务器所必需的操作系统、数据库管理系统、中间件、WEB 服务器以及其他必需组件的名称、版本以及所要用到的相关补丁的版本,资源举例见表 8.3。

表 8.3 软件资源举例

| 序号 | 资源名称 | 详情 | 数量 |
|---|---|---|---|
| 1 | 浏览器 | Google Chrome 9 | 1 |
| 2 | 中间件 | Tomcat 8 | 1 |
| 3 | 数据库 | Oracle 11 | 1 |

(3)网络环境:测试中所需要使用的网络环境。例如,如果测试结果同接入网络的线路的稳定性有关,那么应该考虑为测试环境租用单独的线路;如果测试结果与局域网内的网络速度有关,那么应该保证计算机的网卡、网线以及用到的集线器、交换机都不会成为瓶颈,资源举例见表 8.4。

表 8.4 网络环境举例

| 序号 | 资源名称 | 详情 | 数量 |
|---|---|---|---|
| 1 | 交换机 | 千兆入口 | 2 |
| 2 | 宽带 | 100 MB | 1 |

(4)测试文档:保存各种测试工作中生成的文档和数据的服务器所必需的操作系统、数据库管理系统、中间件、WEB 服务器以及其他必需组件的名称、版本以及所要用到的相关补丁的版本。资源举例见表 8.5。

表 8.5 测试文档资源举例

| 序号 | 资源名称 | 详情 | 数量 |
|---|---|---|---|
| 1 | 软件需求规格书 | 软件需求描述 | 1 |
| 2 | 测试计划 | 测试方案描述 | 1 |

### (三)测试风险

在测试的生命周期中,各个要素的缺失都可能成为测试风险,总结概况为:进度风险、人员风险、成本风险、质量风险。

(1)进度风险:测试时间短,导致测试覆盖不全面,最终测试验收无法通过;开发部门不能按时发布版本,导致测试周期缩短;需求频繁变更,测试计划被打乱,最终无法按进度完成项目测试。

(2)人员风险:测试人员不足或测试人员经验不足、技能不够、业务不熟,均会导致测试延期甚至是无法进行。

(3)成本风险:测试过度导致资源需求过高,超过用户发现错误的成本,测试成本过高容易导致项目流产停止。

(4)质量风险:质量标准不统一,导致测试与研发的意见不统一,最后测试问题得不到定论和解决。

## 三、区块链测试工具 Caliper

### (一)Caliper 介绍

Caliper 是区块链性能测试框架,用户可以在定义好测试集的情况下针对自己的区块链网络进行性能测试,获取一系列的测试结果并生成测试报告。

当前支持的区块链解决方案包括 fabric v1.0+、sawtooth 1.0+、Iroha 1.0 beta-3、支持 Hyperledger Composer,同时可适用 Hyperledger Fabric 的性能测试。

Caliper 核心功能包括:

(1)区块链操作接口:包括部署、调用智能合约,查询账本信息等。

(2)资源监控:包括对监控的启停、获取后台区块链系统的资源消耗状态,包括 CPU、内存、网络 IO 等等。目前提供的有两种监控,一种是监控本地和远程的 docker 镜像,另一种是监控本地进程。

(3)性能分析器:包括读取预定义的性能统计定义(包括 TPS、延迟、成功率等)并打印出结果。执行交易时将会记录关键指标,比如创建时间、提交时间、交易结果等。

(4)报告生成器:生成 HTML 格式的测试报告。

### (二)测试的性能指标

Caliper 测试的性能指标在其测试结束后生成的测试报告中均有体现:交易成功率、交易吞吐量 TPS(每秒系统处理的数量)、交易延迟、资源消耗(CPU/内存/网络 IO)。

### (三)测试环境搭建

Caliper 所需的测试环境包括:NodeJS 8.X、node-gyp、Docker、Docker-compose、make、g++(一般都有,就不用再装这个),下面就操作系统版本为 Centos 7 的 Linux 服务器进行测试环境搭建。

1. 安装 node.js 与 node－gyp

(1)进入目录 cd /usr/local。

(2)在/usr/local 目录下载 nodejs 安装包,输入密令:wget https://nodejs.org/dist/v8.11.4/node－v8.11.4－linux－x64.tar.xz。

(3)下载完成后,解压 nodejs 安装包,并在安装后改短名(方便调用),输入密令如下:

tar xvf node－v8.11.4－linux－x64.tar.xz ♯解压

mv node－v8.11.4－linux－x64 nodejs  ♯改短名

(4)创建软链接,以便全局使用:(否则 node －v 报错:－bash:/usr/bin/node:没有那个文件或目录),输入密令:

ln －s /usr/local/nodejs/bin/node /usr/bin/node

ln －s /usr/local/nodejs/bin/npm /usr/bin/npm

完成后进行检验完成检验:node －v  && npm －v  查看版本,显示正常表示安装成功。

(5)安装 node－gyp,输入密令:

apt install node－gyp

2. 安装 docker 和 docker－compose

(1)安装 docker 包来使得 apt 可以通过 https 使用存储库,输入密令:

sudo apt－get install －y apt－transport－https ca－certificates curl software－properties－common

(2)添加 Docker 官方的 GPG 密钥,输入密令:

curl －fsSL https://download.docker.com/linux/ubuntu/gpg | sudo apt－key add－sudo apt－key fingerprint 0EBFCD88

(3)设置 stable 存储库,输入密令:

Sudo add－apt－repository "deb [arch＝amd64] https://download.docker.com/linux/ubuntu $(lsb_release －cs)stable"

(4)更新 apt 包索引,输入密令:

sudo apt－get update

(5)安装最新版的 Docker CE,输入密令:

sudo apt－get install －y docker－ce

(6)查看 docker 服务能否启动,输入密令:

systemctl status docker

(7)如果没有启动,启动 docker 服务,输入密令:

sudo service docker start 或者 sudo systemctl start docker

(8)安装 docker－composer 最简单的方法是通过 pip 指令进行安装:

首先安装 pip(这个时间会比较久)输入密令:

sudo apt－get install python－pip

(9) 安装 docker－compose,输入密令:

pip install docker－compose

(10) 检查是否安装成功,输入密令:

sudo docker－compose - version

如果没有成功,可以采用如下办法解决:

sudo curl －L "https：//github.com/docker/compose/releases/download/1.22.0/docker－compose－$(uname－s)－$(uname－m)"－o/usr/local/bin/docker－compose

sudo chmod ＋x /usr/local/bin/docker－compose

最后,查看版本,出现版本号则代表安装成功,输入密令:

docker－compose ——version

以上,便是以区块链性能测试工具 Caliper 的环境搭建为例,完成测试环境搭建。

# 第九章　软件测试

## 一、测试用例

### (一)测试用例的概念

在测试设计课中,我们提到了测试用例,测试用例(Test Case)是为某个特殊目标而编制的一组测试输入、执行条件以及预期结果,以便测试某个程序路径或核实是否满足某个特定需求。

测试用例以测试文档形式存在,它描述输入、动作和一个期望的结果,其目的是确定应用程序的某个特性是否正常工作。同时,测试用例也是项目测试前期测试团队主要的工作成果之一。

测试用例的质量与写该用例的测试人员的水平关系极大。测试人员对业务的熟练度越高,对客户需求的理解越深刻,测试用例的质量越高。

执行测试用例的过程是当一个软件版本被测试时,测试人员会使用一整套的测试用例(或者筛选其中的一部分),将这些用例逐个在被测的软件上执行,判断其结果是否和预期相符,并以此评价软件版本的质量。

### (二)测试用例的构成

测试用例的构成主要参数有:用例编号、用例标题、优先级、预置条件、操作步骤、预期结果、备注。我们以腾讯QQ的登录验证过程为例进行测试用例编写,见表9.1。

表 9.1　测试用例举例

| 用例编号 | 用例名称 | 级别 | 测试步骤 | 期望结果 | 备注 |
|---|---|---|---|---|---|
| 前提条件:腾讯的程序已经安装成功,打开应用程序 | | | | | |
| QQ001 | 输入正确的用户名和密码,验证成功登录 | 高 | 1.用户名输入××××× 2.输入密码××× 3.点击"登录" | 1.登录成功 2.进入程序菜单列表 | 书写原则为:先有效后无效 |
| QQ002 | 不输入用户名,验证用户不输入后,提示登录失败 | 中 | 1.不输入用户名 2.输入密码××× 3.点击"登录" | 1.登录失败 2.提示用户名不能为空 | |

### (三)测试用例的注意事项

测试用例写作的技术含量体现,并不是单条用例本身,而是针对整个特性写出的整套的测试用例,是否有效地覆盖了应该验证的各个测试点。因此在编写测试用例时,我们要注意如下几项。

(1)用语简洁清晰,但不能过于简单。
(2)用语无歧义,尽量少用过长的句子。
(3)用例的各个基本要素要齐备,不能缺失。
(4)用例的步骤应该足够详细,操作应该明确。
(5)容易被其他测试工程师读懂,并能顺利执行。

## 二、自动化测试工具

### (一)理解软件测试自动化

软件测试是一项工作量巨大的工作,在软件测试过程中包含大量的重复性操作,软件测试的某些环节包含一些非智力创造性活动,很多情况下手工测试难以模拟真实的环境,手工测试无法提供精确的测试结果。

为优化测试速度,提升测试效率和成果,绝大多数公司选择搭建起一套测试化工具,用程序代替人的手工操作,完成一系列测试的过程。

自动化工具能自动打开程序、自动执行测试用例、自动查找控件、自动产生数据、自动输入数据、自动操作控件、自动收集结果、自动比较实际结果与预期结果是否一致。

### (二)自动化测试的优缺点

自动化测试的优点在于自动化测试可重复执行,能执行更多、更频繁的测试。能执行一些手动测试比较困难或不可能进行的测试。能更好地利用资源,可利用晚上或周末空闲的设备执行自动化测试。自动化让测试人员腾出时间和精力,测试人员可以投入更多的精力设计出更多、更好的测试用例,从而提高测试准确性和测试人员的积极性。自动测试具有一致性的特点,能够保证测试更客观,从而提高了软件的信任度。

但是自动化测试也有缺点,首当其冲的就是成本问题,不能立即降低测试投入,提高测试效率。自动化测试的成本问题可能高于人工测试,因为工具的购买及维护的开支很大。不能完全代替人工测试,不是所有的测试用例都可以自动化,工具本身不具备思维能力,如设计用例、界面和用户体验测试、正确性检查。当测试用例书写不全面时,不能保证100%的测试覆盖率。同时,因为自动化测试执行的用例较多,因此需要更长的时间去分析和隔离所发现的缺陷。导致自动化测试对软件质量依赖性较大。如果测试人员不熟悉某些测试工具,测试工作的进度就有可能受到影响。

### (三)常用的自动化测试工具及分类

我们常用的自动化测试工具总体来讲可以分为两类:一类是需要收费,但是更加稳定,有专业的运维团队进行维护、升级的商业版测试工具,适宜GUI功能和性能测试。常见的商业测试工具如下。

1. HP

(1)Quick Test Professional/UFT(Unified Funtional Testing):功能测试工具。

(2)Load Runner:性能测试工具。

(3)Quality Center/Application Lifecycle Management:测试管理工具。

2. IBM Rational

(1)Robot：功能和性能测试工具。支持 HTML、Java、.Net、Visual Basic、Power Builder、Delphi、Oracle 表单和 MFC 控件。

(2)Clear Case：软件配置管理工具。

(3)Clear Quest：缺陷和变更跟踪工具。

(4)Test Manager：测试管理工具。

3. Compuware QA Center

(1)QA Run：功能测试工具。

(2)QA Load：性能测试工具。

(3)QA Director：测试管理工具。

4. Microsoft

(1)Web Application Stress：性能测试工具。

另一类是可免费使用，由共享社区的志愿者共同进行升级和维护，虽然免费，但是不可避免容易出现漏洞和其他突发性问题。常见的包括：

①Selenium：最早由 Thoughtworks（思特沃克）的员工 Jason Huggins 编写，后来多人加入（功能和兼容性自动化测试工具）。

②Jmeter：Apache 组织开发（性能和接口自动化测试工具）。

③caliper：区块链性能测试工具。

(2)选择测试工具的指导原则。

①一般不是在项目初期完成工具选择，往往是在开发工具确定很长时间以后才能完成，甚至是项目后期才明确。

②选择适合自己公司项目的产品，只买对的，不买贵的。

③不要轻信测试销售人员的介绍就轻易购买，一定要组织详细的试用，确认适合项目使用，才能购买。

④分阶段、逐步引入测试工具。

⑤选择技术支持完善的产品。

⑥尽量选择主流的测试工具。

⑦如需多种工具，尽量选择一个公司的产品。

⑧考虑测试工具的集成能力（操作系统、开发工具、其他测试工具）。需要考虑：与开发语言一致的测试脚本语言，还要注意第三方控件与脚本语言能否匹配。

⑨测试用例的自动化应该注意顺序，先自动化简单的、主要功能的用例，然后向次要功能等扩展。

(四)Caliper 的安装和使用

我们以区块链常用的性能测试工具为例，讲解 Caliper 的安装和使用，讲解环境依然是常用的 Linux 服务器环境，操作系统为 Centos7。

(1)首先获取 Root 权限,输入密令:sudo-s,然后输入密码 123456。

(2)输入密令:npm - v&&node - v,确认已安装 nodejs(出现 nodejs 版本号参数代表已安装)。

(3)使用指令 git 拉取 caliper 源码,输入密令:

gitclonegit://github.com/cao0507/Hyperledger-caliper

(4)输入密令:cdHyperledger-caliper 进入 Hyperledger-caliper 文件夹进行安装,输入密令:npminstall 编译。

(5)安装 fabricSDKs:

在 Hyperledger-caliper 文件夹中安装 SDKs,使用一下指令:

npminstallfabric-ca-client@1.1.0fabric-client@1.1.0

这里使用的版本是 1.1.0 适配 caliper,一般注意要使用这个版本。

(6)使用 grpcversion1.10.1 代替之前的 1.13.1 版本:

npminstallgrpc@1.10.1

(7)在 Hyperledger-caliper 文件夹中运行测试用例:

nodebenchmark/simple/main.js

## 三、测试报告

### (一)测试报告重要性与注意事项

#### 1.测试报告的重要性

在上面的实验中,软件测试结束后,由 Caliper 输出了一份测试报告,软件漏洞的描述是软件测试报告的基础部分,需要使用简单、准确、专业的术语来描述缺陷。否则,它就会含糊不清,可能会误导开发人员,影响开发人员的效率,也会影响测试人员自身的声誉,准确报告漏洞是非常重要的。清晰准确的软件缺陷描述可以减少开发人员退回来的缺陷数量,可以节省开发人员和测试人员的时间;提高软件缺陷修复的速度,使项目组能够有效地工作;提高测试人员的可信任程度,可以得到开发人员对有效缺陷的及时响应;加强开发人员、测试人员和管理人员的协同工作,让他们更好地工作。

#### 2.测试报告的注意事项

测试报告应该尽量确保缺陷可以重现,如果提交的缺陷无法重现,会影响开发人员的工作效率。测试报告内容应简洁、准确、完整,测试人员在提交缺陷报告时,要站在开发人员的角度上思考问题,要确保开发人员能迅速定位问题,而不会产生理解上的歧义。在编写时还要注意一个报告只提一个缺陷,有的测试人员习惯在一个缺陷报告里提交多个缺陷,这种习惯不提倡,原因有以下两点:一是不便于分配,比如缺陷报告有 2 个缺陷,分别属于不同的开发人员,到底该分配给谁呢?二是不便于验证,比如一个缺陷报告里面有 2 个缺陷,缺陷 1 已经解决,缺陷 2 还没有解决,那么这个缺陷报告该不该关闭呢?

### (二)测试报告书写规范

测试报告书写内容主要包括:标题、复现步骤、问题、实际结果、期望结果、附件、其他,详细的书写规范如下。

1. 标题

应保持简短、准确,提供缺陷的本质信息。

(1)尽量按缺陷发生的原因与结果的方式书写。

(2)避免使用模糊不清的词语,如功能中断、功能不正确、行为不起作用等。应该使用具体文字说明缺陷的症状。

(3)为了便于他人理解,避免使用俚语或过分具体的测试细节。

2. 复现步骤

应包含如何使别人能够很容易地复现该缺陷的完整步骤。为了达到这个要求,复现步骤的信息必须是完整的、准确的、简明的、可复现的。常见问题如下。

(1)包含了过多的多余步骤,且句子结构混乱,可读性差,难以理解。

(2)包含的信息过少,丢失了操作的必要步骤。

3. 实际结果

实际结果是执行复现步骤后软件的现象和产生的行为。实际结果的描述应像标题信息那样,列出具体的缺陷症状,而不是简单地指出"不正确"或"不起作用"。

4. 期望结果

描述应与实际结果的描述方式相同。通常需要列出期望的结果是什么。

5. 附件

对缺陷描述的补充说明,可以是以下一些类型:缺陷症状的截图;测试使用的数据文件。

6. 其他

选择合适的缺陷严重性属性;按相应的规定,填写相应的字段信息。见表9.2。

表 9.2 测试报告样文

| 缺陷 ID | 625143 | 测试日期 | 2019/7/28 |
|---|---|---|---|
| 测试人员 | Lion | 漏洞类型 | 功能缺陷 |
| 功能模块 | 首页 Banner 图 | 浏览器 | IE7 |
| 严重程度 | 2 | 优先级 | 2 |
| 概要描述 | Banner 左侧的文字出现换行 | | |

重现步骤:

1. 打开首页

2. 查看 Banner 左侧文字

结果:出现了文字换行的情况

期望结果:应该一行展示

| 解决者 | 程序员李× | 解决日期 | 2019/7/29 |
|---|---|---|---|
| 解决方案 | 可能是因为 CSS 中没有设置浮动导致的(可写可不写) | | |

### (三)测试结果分析

测试报告结果的数据指标主要包括：每天/周报告的新漏洞数目；每天/周修复的漏洞数；累计报告的漏洞数目；累计修复的漏洞数；不同严重性类型的漏洞数；程序模块与发现的缺陷的对应关系。

漏洞分类统计情况见表9.3。

表9.3 漏洞分类统计情况

| 1.漏洞严重级别统计 | | | | | |
|---|---|---|---|---|---|
| 致命 | 严重 | 一般 | 提示 | 合计 | |
| 0 | 7 | 26 | 4 | 37 | |
| 2.漏洞类型统计 | | | | | |
| 功能 | UI | 异常 | 体验 | 合计 | |
| 26 | 1 | 0 | 10 | 37 | |
| 3.漏洞状态统计 | | | | | |
| 未解决 | 打回 | 挂起 | 已解决 | 打开合计 | 关闭合计 |
| 37 | 0 | 0 | 0 | 0 | 0 |
| 4.漏洞根源分析表 | | | | | |
| 需求类 | 设计类 | 编码类 | 其他 | | |
| 4 | 0 | 0 | 0 | | |

测试执行结束后，测试活动还没有结束。测试结果分析是必不可少的重要环节，"编筐编篓，全在收口"，测试结果的分析对下一轮测试工作的开展有很大的借鉴意义。

因为通过对问题清单的分析、总结不仅能发现不同人提交问题的类别与差异，还能发现自身思维的局限性，避免下一轮测试进入自我盲区。

在拿到测试结果指标后，通过指标进行测试结果分析应该从以下几个方面进行分析。

(1)统计未修复的缺陷数目(特别是严重性高的缺陷)，预计软件是否可以如期发布。

(2)分析缺陷的类型分布，发现存在较多缺陷的程序模块，找出原因，进行软件开发过程改进。

(3)根据测试人员报告缺陷的数量和准确性，评估测试有效性和测试技能。

(4)根据报告的缺陷修复是否及时，改进软件开发与测试的关系，使测试与开发更有机地配合。

完成测试结果分析后，对本轮测试进行评价，并给出测试是否通过意见，测试通过后，测试任务结束，产品可以发布或上线，见表9.4。

表 9.4 测试结果评价表

| 测试结果 | 1. 版本功能基本实现且运行稳定,问题修改及时,在预定日期内完成开发和测试进度 |
|---|---|
| 质量评价 | 通过,可以发布及系统上线 |
| 测试结论 | □通过,可以发布及系统上线<br>□不通过,需要进行重大修改更新版本重新测试 |
| 评估人员 | ×× |
| 审核人员 | ×× |

# 第四篇 区块链应用操作

# 第十章 账户创建与管理

## 第一节 数字证书创建

数字证书,来自于英文 Digital Certificate 的翻译,是互联网通信中标志通信各方身份信息的一系列数据,提供了一种在 Internet 上验证身份的方式,其作用类似于司机的驾驶执照或日常生活中的身份证。它是由一个由权威机构——CA 机构,又称为证书授权(Certificate Authority)中心发行的。最简单的证书包含一个公开密钥、名称以及证书授权中心的数字签名。

### 一、Fabric MSP 体系回顾

Fabric 使用的是身份账户体系。也就是说,Fabric 网络中的每一个成员,包括排序节点、记账节点、使用者等,所有参与者都有一个身份,然后给不同的身份提供不同的权限,这套身份管理体系就叫 MSP(Membership Service Provider)。使用到的技术为数字签名和数字证书。

### 二、使用工具生成 MSP 证书

**(一)byfn.sh 脚本生成证书**

启动 byfn.sh 脚本调用 Generate Certs 方法生成证书,如下所示:

```
function networkUp(){
checkPreregs
generate artifacts if they don't exist
if -d "crypto-config"]then
generateCerts
replacePrivateKey
generateChannelArtifacts
fi
COMPOSE_FILES="-f ${COMPOSE_FILE}"
```

if "$fCERTIFICATE AUTHORITIES]"=="true"];

generateCerts 方法具体命令如下：

```
Generates Org certs using cryptogen tool
function generateCerts(){
which cryptogen
if "$? -ne 0 ]then
echo "cryptogen tool not found. exiting"
exit 1
fi
echo
eC0"###########################护###"
echo "####Generate certificates using cryptogen tool########"
eCh0"############################"
if [-d "crypto-config"]then
rm -Rf crypto-config
fi
set -x
cryptogen generate ——config=./crypto-config.yaml
res=$?
set +x
if $res -ne 0 ]then
echo "Failed to generate certificates..."
exit 1
```

## （二）Cryptogen 工具

Cryptogen 工具为 Fabric 官方提供用来生成测试版证书的工具，是一个可执行文件。包含在下载的二进制工具压缩文件包里面。解压缩后在./fabric-samples/bin/ 目录下。

## （三）crypto-config.yaml 文件详解

一个组织一组证书，Orderer 组织的信息如下所示，Enable Node OUs 参数设置是否启用 OU，共生成了 5 个 Orderer 的证书，如下所示：

```
"Ordererorgs"-Definition of organizations managing orderer nodes
#
Ordererorgs：
#
Orderer
#
```

Name:Orderer

Domain:example.com

EnableNodeOUs:true

\#

\#

"Specs"—See Peerorgs below for complete description

\#

Specs:

Hostname:orderer

Hostname:orderer2

Hostname:orderer3

Hostname:orderer4

Hostname:orderer5

---

两个 Peer 组织 Org1、Org2，每个组织生成两组 Peer 节点的证书，一个 User 的证书，如下所示：

\#

Peerorgs:

\#--------

\#0rg1

Name:Org1

Domain:org1.example.com

EnableNodeOUs:true

Template:

Count:2

\#Start:5

Hostname:{{Prefix}}{{.Index}}default

"Users"

Count:The number of user accounts in addition to

\#

Users:

Count:

Org2:see "Org1"for full specification

Name:Org2

Domain:org2.example.com

EnableNodeOUs:true

Template：

Count：2

Users：

Count：1

**(四)证书目录**

1.证书目录的生成

调用../bin/cryptogen generate－－config＝./crypto－config.yaml 生成证书目录，如下所示：

crypto－config          scripts
cjyacjy－virtual－machine：~/Desktop/fabric_project/fabric－samples/first－networks
/bin/cryptogen generate－－config＝./crypto－config.yaml
org1.example.com
org2.example.com

调用完成生成一个 Crypto－Config 的文件夹，使用 Tree Crypto－Config 可以看到文件夹的目录层级，如下所示：

cjy@cjy－virtual－machine：~/Desktop/fabric_project/fabric－samples/first－networks t
ree crypto－config
crypto－config
ordererorganizations
L
example.com
ca
630d55b49d379b19ddbb6febef7dobfe95d17a49da5dc8f99c9fb5b45d04b461
sk
ca.example.com－cert.pem
d9dd169e36b32fa1bc655a697f65acc2d2db5aeb3f9765ceca9f6b8b1df323b1
sk
msp
admincerts
cacerts
ca.example.com－cert.pem

config.yaml

tlscacerts

tlsca.example.com-cert.pem

orderers

orderer2.example.com

msp

### 2. 证书的组织级目录

(1) CA。

CA 目录存放组织的根证书和对应的私钥文件,采用 EC 算法,证书为自签名(自己签发自己的公钥)。组织内的实体将基于该证书作为根证书。

(2) MSP。

MSP 目录存放代表该组织的身份信息。

①Admincerts:存放被根证书签名的组织管理员的身份验证证书。

②Cacerts:存放组织的根证书,与 CA 目录下的根证书文件相同。

③Tlscacerts:用于 TLS 的 CA 证书,证书为自签名。

(3) Peers(Orders)。

每个 Orderer 或 Peer 节点的证书结构都是相同的,包括 MSP 和 TLS 目录。

(4) TLSCA。

存放组织的 TLS 证书。

(5) Users。

用于存放属于该组织的用户实体,如下所示:

ypto-conTtg/ordererorgantzattons co example.com/

cjyacjy - virtual - machine:~/Desktop/fabric_project/fabric - samples/first - network/cr

ypto-config/ordererorganizations/example.coms ls

ca msp orderers tlsca users

### 3. 证书的节点级目录

每个 Orderer 或 Peer 节点的证书结构都是相同的,包括 MSP 和 TLS 目录。

(1) MSP。

①Admincerts:存放组织管理员的身份验证证书,用于验证交易签名者是否为管理员身份。

②Cacerts:存放组织的根证书。

③Keystore:本节点的身份私钥,用来签名。

④Signcerts:验证本节点签名的证书,被组织根证书签名。

⑤TLS Cacerts:TLS 连接用的证书,即组织的 TLS 证书。

(2) TLS。

存放 TLS 相关的证书和私钥。

①Ca.crt:组织的根证书。
②Server.crt:验证本节点签名的证书,被组织根证书签名。
③Server.key:本节点的身份私钥,用来签名。
具体如下所示:

cjydcjy－virtual－machine:～/Desktop/fabric_project/fabric－samples/first－network/cr

ypto－config/ordererorganizations/example.com/orderers/orderer.example.com/msps L

S

admincerts

cacerts config.yaml keystore signcerts

tlscacerts

civacivvictual－machine./neskton /fabcic ocoject /fabcic.samnles /ficst

**(五)证书展示**

输入命令 cd crypto－config/peerOrganizations/org1.example.com/peers/peer0.org1.example.com/msp/signcerts

LS查看Org1的Peer0节点的Signcerts的证书和私钥,这是该节点的身份证明,所有的操作都会用此私钥做签名。

可以看到里面有一个证书peer0.org1.example.com－cert.pem如下所示:

cjy@cjy－virtual－machine:～/Desktop/fabrypto－config/peerorganizations/org1.exasigncertss $ ls

peer0.org1.example.com－cert.pem

————————————————————

cat peer0.org1.example.com－cert.pem看到证书的具体内容如下所示:

$ cat peer0.org1.example.com－cert.pem

————BEGIN CERTIFICATE————

MIICKDCCAc6gAWIBAgIQZQ4q8ytf3toknYNzjZub4zAKBggqhkjOPQQDAjBzMQsw

CQYDVQQGEWJVUZETMBEGA1UECBMKQ2FsaWZvcm5pYTEWMBQGA1UEBXMNU2FUIEZy

YW5jaXNjbzEZMBCGA1UEChMOb3JnMS5leGFtCGxLmNVbTECMBOGA1UEAXMTY2EU

b3JnMS5leGFtCGXLLmNVbTAeFWOyMTA5MZAWNZM4MDBaFWOZMTA5M-jgWNZM4MDBa

MGOXCZAJBgNVBAYTALVTMRMWEQYDVQQIEwpDYWxpZm9ybmlhMRY-WFAYDVQQHEW1T

YW4gRnJhbmNpc2NVMOOWCwYDVOOLEWRwZWVyMR8wHOYDVOODEX-ZwZWVyMC5vcmcx

LmV4YW1wbGUUY29tMFkWEWYHKoZIzj0CAQYIKoZIzjODAQCDQgAELHS-QLLprjhhi

4C9IE7iI2srsSPKRjoKlmzE9HO2G6LACibDpHCDwRwtTowojb ＋ Hkorb-gI90kVDDZ

gea7SA ＋ rx6NNMESWDgYDVROPAQH/BAQDAgeAMAWGA1UdEwEB/WO-CMAAWKWYDVROj

BCQWIoAgZ ＋ vZ8oxQh8pHh1XVnkgqRHXVBW9vpkSDSriToSx6LCkw-CgY-IKoZIzj0E

AWIDSAAWROIhAMJjHhVHg2Io5uvbSRatdXmoZIaJCUHEO6IT4aJ-RvosSA-iAk3b01

NERUVZJYy23geokCqacAacobrkJEPRhMqEeGdw＝＝
————————END CERTIFICATE————————
可用 openssl x509 —in peer0.org1.example.com—cert.pem —text 解开证书

## 三、总结

为什么 Cryptogen 的工具生成的证书只能在测试网络中使用？

(1)它的 CA 是自己造的，不具有权威效应，如果 CA 不具有权威效应，那下面它签发出来的证书也就没有权威效应。

(2)实际工作中，搭建联盟链的网络都是由各家机构组成。如果证书是一家机构用工具生成的，那么对于各家组织来说，他们所有的节点的证书和私钥都被一家组织所有，不符合去中心化精神。

(3)实际工作中都是由各家机构自己提供证书，然后把证书按照同样的目录结构存放，即可使用。

# 第二节　通道管理

## 一、通过 Configtxgen 工具生成创建通道所需的交易、锚节点更新的交易

通过构建通道创建交易并将交易提交给排序服务来创建通道。通道创建交易指定通道的初始配置，并由排序服务用于写入通道创世块。尽管可以手动构建通道创建交易文件，但使用 Configtxgen 工具会更容易。

## 二、通过 Peer 命令(Peer Channel Create)把创建通道的交易发送给 Orderer 并获得该通道的创世块

### (一)Peer Channel Create 入口

Peer Channel Create 入口在 internal/peer/channel/create.go

```go
func executeCreate(cf *ChannelCmdFactory)error {
//把创建通道的交易发送给 Orderer
    err := sendCreateChainTransaction(cf)
    if err != nil {
        return err
    }

//获得该通道的创世块
    block, err := getGenesisBlock(cf)
    if err != nil {
        return err
    }

    b, err := proto.Marshal(block)
    if err != nil {
        return err
    }

    file := channelID + ".block"
    if outputBlock != common.UndefinedParamValue {
        file = outputBlock
    }
//保存到本地
    err = ioutil.WriteFile(file, b, 0644)
    if err != nil {
        return err
    }

    return nil
}
```

executeCreate 主要做了三件事:

(1) Send Create Chain Transaction：把创建通道的交易发送给 Orderer。
(2) Get Genesis Block：获得该通道的创世块。
(3) Ioutil. Write File：把该通道的创世块保存到本地。

### (二) 发送创建通道的交易

```
func sendCreateChainTransaction(cf *ChannelCmdFactory)error {
    var err error
    var chCrtEnv *cb.Envelope

    if channelTxFile != "" {
        //根据指定的交易,即 mychannel.tx,把创建通道这个交易打包成信封 Envelope
        if chCrtEnv, err = createChannelFromConfigTx(channelTxFile); err != nil {
            return err
        }
    } else {
        if chCrtEnv, err = createChannelFromDefaults(cf); err != nil {
            return err
        }
    }

    //做一些检查,并对此信封签名
    if chCrtEnv, err = sanityCheckAndSignConfigTx(chCrtEnv, cf.Signer); err != nil {
        return err
    }

    var broadcastClient common.BroadcastClient
    broadcastClient, err = cf.BroadcastFactory()
    if err != nil {
        return errors.WithMessage(err, "error getting broadcast client")
    }

    defer broadcastClient.Close()
    //把此信封发送给 Orderer
    err = broadcastClient.Send(chCrtEnv)
```

```
        return err
    }
```

Send Create Chain Transaction 主要做了三件事：

(1)Create Channel from Config Tx：根据指定的交易，即 mychannel.tx，把创建通道这个交易打包成信封 Envelope。

(2)Sanity Check and Sign Config Tx：做一些检查，并对此信封签名。

(3)Broadcast Client.Send(ChCrtEnv)：把此信封发送给 Orderer。

### (三)获得该通道的创世块

```
func getGenesisBlock(cf *ChannelCmdFactory)(*cb.Block,error){
    timer := time.NewTimer(timeout)
    defer timer.Stop()

    for {
        select {
        case <-timer.C:
            cf.DeliverClient.Close()
            return nil,errors.New("timeout waiting for channel creation")
        default:
            //周期性地从 Orderer 获取新建通道的创世块
            if block,err := cf.DeliverClient.GetSpecifiedBlock(0); err != nil {
                cf.DeliverClient.Close()
                cf,err = InitCmdFactory(EndorserNotRequired,PeerDeliverNotRequired,OrdererRequired)
                if err != nil {
                    return nil,errors.WithMessage(err,"failed connecting")
                }
                time.Sleep(200 * time.Millisecond)
            } else {
                cf.DeliverClient.Close()
                return block,nil
            }
        }
    }
}
```

Get Genesis Block 就做了一件事：周期性地从 Orderer 获取新建通道的创世块，即索引为 0 的块。

**(四) Orderer 侧处理逻辑**

Orderer 接收信封并处理的逻辑在 orderer/common/broadcast/broadcast.go

```go
// Handle reads requests from a Broadcast stream, processes them, and returns the responses to the stream
func(bh *Handler)Handle(srv ab.AtomicBroadcast_BroadcastServer)error {
    addr := util.ExtractRemoteAddress(srv.Context())
    logger.Debugf("Starting new broadcast loop for %s", addr)
    for {
        //接收信封消息
        msg, err := srv.Recv()
        if err == io.EOF {
            logger.Debugf("Received EOF from %s, hangup", addr)
            return nil
        }
        if err != nil {
            logger.Warningf("Error reading from %s: %s", addr, err)
            return err
        }

        //处理消息
        resp := bh.ProcessMessage(msg, addr)
        //返回处理结果
        err = srv.Send(resp)
        if resp.Status != cb.Status_SUCCESS {
            return err
        }

        if err != nil {
            logger.Warningf("Error sending to %s: %s", addr, err)
            return err
        }
    }
}
```

Handle 做了三件事：

(1) Recv：接收信封消息。

(2)Process Message:处理消息。

(3)Send:返回处理结果。

重点看 Process Message 中对消息的处理:

```
// Process Message validates and enqueues a single message
func(bh * Handler)ProcessMessage(msg * cb.Envelope, addr string)(resp
* ab.BroadcastResponse){
    ...

    //获取接收到的消息的 Header、判断是否为配置信息、获取消息处理器
    chdr, isConfig, processor, err := bh.SupportRegistrar.BroadcastChannelSupport(msg)
    if chdr != nil {
        tracker.ChannelID = chdr.ChannelId
        tracker.TxType = cb.HeaderType(chdr.Type).String()
    }
    if err != nil {
        logger.Warningf("[channel: %s] Could not get message processor for serving %s: %s", tracker.ChannelID, addr, err)
        return &ab.BroadcastResponse{Status: cb.Status_BAD_REQUEST, Info: err.Error()}
    }

    if !isConfig {
        ...
    } else { // isConfig
        logger.Debugf("[channel: %s] Broadcast is processing config update message from %s", chdr.ChannelId, addr)

        //对于配置消息,使用处理器处理配置变更消息
        config, configSeq, err := processor.ProcessConfigUpdateMsg(msg)
        if err != nil {
            logger.Warningf("[channel: %s] Rejecting broadcast of config message from %s because of error: %s", chdr.ChannelId, addr, err)
            return &ab.BroadcastResponse{Status: ClassifyError(err), Info: err.Error()}
        }

        tracker.EndValidate()
```

```
            tracker.BeginEnqueue()
            if err = processor.WaitReady(); err != nil {
                logger.Warningf("[channel: %s] Rejecting broadcast of message from %s with SERVICE_UNAVAILABLE: rejected by Consenter: %s", chdr.ChannelId, addr, err)
                return &ab.BroadcastResponse{Status: cb.Status_SERVICE_UNAVAILABLE, Info: err.Error()}
            }

            //把配置变更的交易进行全网共识
            err = processor.Configure(config, configSeq)
            if err != nil {
                logger.Warningf("[channel: %s] Rejecting broadcast of config message from %s with SERVICE_UNAVAILABLE: rejected by Configure: %s", chdr.ChannelId, addr, err)
                return &ab.BroadcastResponse{Status: cb.Status_SERVICE_UNAVAILABLE, Info: err.Error()}
            }
        }

        logger.Debugf("[channel: %s] Broadcast has successfully enqueued message of type %s from %s", chdr.ChannelId, cb.HeaderType_name[chdr.Type], addr)

        //返回处理结果
        return &ab.BroadcastResponse{Status: cb.Status_SUCCESS}
    }
```

Process Message 主要做了四件事：

(1)Broadcast Channel Support：获取接收到的消息的 Header、判断是否为配置信息、获取消息处理器。

(2)Processor.Process Config Update Msg：对于配置消息，使用处理器处理配置变更消息。

(3)Processor.Configure：把配置变更的交易进行全网共识。

(4)Broadcast Response：返回处理结果。

### 三、各组织通过 Peer 命令(Peer Channel Join)加入目标通道

创建通道后,我们可以让 Peer 加入通道。属于该通道成员的组织可以使用 Peer Channel Fetch 命令从排序服务中获取通道创世块。然后,组织可以使用创世块,通过 Peer Channel Join 命令将 Peer 加入到该通道。一旦 Peer 加入通道,Peer 将通过从排序服务中获取通道上的其他区块来构建区块链账本。

# 第十一章 应用接入

## 第一节 使用脚本进行合约安装

### 一、Fabric 合约介绍

**(一) Fabric 链码功能**

Fabric 的合约叫 Chaincode,也翻译为链码,是用户使用 Go、Java 等语言编写的应用代码。

链码被部署在 Fabric 网络节点上,运行在 Docker 容器中,并通过 gRPC 协议与相应的 Peer 节点进行交互,以操作分布式账本中的数据。

链码由 Peer 节点负责启动,只和自己的 Peer 节点交互,与外界隔离。

**(二) Fabric 链码生命周期**

Fabric 提供了 Package、Install、Instantiate 和 Upgrade 4 个命令管理链码的生命周期。

(1) Package:将链码代码打包成带时间戳的链码包(此过程可省略)。
(2) Install:如没有 Package 则自动 Package,然后将链码包存上 Peer 节点。
(3) Instantiate:实例化链码,启动链码容器。
(4) Upgrade:升级链码,启动新的容器。

### 二、脚本安装链码

**(一) byfn.sh 脚本安装链码**

scripts/script.sh 里面包含了链码相关操作,依然是通过 cli 客户端操作,如下所示:
# now run the end to end script
docker exec di scripts/script. sh ＄CHANNEL＿NAME ＄CLI＿DELAY ＄LANGUAGE ＄CLI_TIMEOUT JVERBOSE ＄NO_CHAINCOOE
if [ ]? －ne 0 ]; then
I echo "ERROR !!!! Test failed"
exit 1
fi

**(二) Install Chaincode 函数**

在 utils.sh 中重要的参数有链码名、版本、语言,这些在实例化操作的时候必须要一

一对应,操作完后链码包会被存在 Peer 节点上,如下所示:

```
installChaincode(){
PEER=$1
ORG=$2
setGlobals $PEER JORG
VERSION=${3:-1.0}
set
-x
peer chaincode install -n mycc -v 5{VERSION} -1 ${LANGUAGE} -p ${CC_SRC_PATH} >&log.txt
res=$?
set +x
cat
log.txt
verifyResult $res "Chaincode installation on peerS{PEER}.org ${ORG} has failed"
echo "====Chaincode is installed on peer ${PEER}.org ${ORG} ==="
echo
}
```

**(三)Instantiate Chaincode 函数**

Instantiate Chaincode 函数在 utils.sh 中 peer chaincode instantiate -o orderer.example.com:7050 ——tls $CORE_PEER_TLS_ENABLED ——cafile $ORDERER_CA -C $CHANNEL_NAME -n mycc -l ${LANGUAGE} -v 1.0 -c '{"Args":["init","a","100","b","200"]}' -P "AND('Org1MSP.peer','Org2MSP.peer')" >&log.txt 命令。

此命令会向指定的 Peer 发出实例化链码指令,随后按照链码名、版本、语言、找到相应的代码包,然后实例化。

-C 参数是链码实例化时候 init 函数需要的参数,实例化后会向 Orderer 发送交易出块。

-P 参数是链码背书 Policy。

同一个链码在同一个通道里只需要在一个 Peer 上实例化一次。

链码背书 Policy 即链码调用需要获得哪几个组织的背书。

AND('Org1MSP.peer','Org2MSP.peer')意思是调用需要同时获得 Org1 和 Org2 两个组织的背书结果且结果一样才能出块。

OR('Org1MSP.peer','Org2MSP.peer')意思是调用获得 Org1 和 Org2 两个组织

之一的背书结果就能出块。

背书 Policy 设定了就不能更改,只能通过链码升级版本。

**(四)安装链码脚本实操**

安装./fabric-samples/chaincode/chaincode_example02/go 这个链码。

如果直接用 docker exec cli scripts/script.sh 命令安装合约,则它还会执行前面的创建通道,加入通道操作,则会报错,所以以 script.sh 为模板复制一个新的脚本 installchaincode.sh 和 script.sh 在一个目录下。

```
cjy@cjy-vi.rtuabnachlne:/Desktop/fabrtc_project/fabrtc-saRples/ftrst-network$
s scripts/
capabilities.json   script.sh       step2org3.sh   testorg3.sh   uttls.sh
installchaincode.sh steplorg3.sh    step3org3.sh   upgrade_to_v14.sh
```

把创建通道、加入通道、设置 Anchor Peer 的操作去掉并将 instantiateChaincode 0 2 后面合约交互的操作注释掉。

执行 docker exec cli scripts/installchaincode.sh,成功后如下所示:

```
Instantiating chaxncode on peer0.org2...
+peer chatncode instantiate -o orderer.example.con:7050 --tls true --cafile /opt/gopath/src/gtthub.coR/hyperledger/fabrtc Organtzattons/exanple.con/orderers/orderer.example.con/nsp/tlscacerts/tlsca.example.con-cert.pen -C nychannel -n nycc -I gcrgs":["init","a","100","b","266"]}' -P 'AND('\"OrglMSP.peer'\\"Org2MSP.peer\')'
+ res=0
+ set +x
Using default escc
Using default vscc
====Chaincode is instantiated on peer9.org2 on channel 'nychanneV ====
```

执行 docker images,可以看到新生成了一个链码镜像,再执行 docker ps,可以看到新启动了一个链码容器。

```
e2669266643d  dev-peer0.org2.exwple.com-mycc-1.0
-15b571b3ce849G66b7ec74497d3
  b27e54eedfl345daff3951b94245ce09c42b khatncode-peer.add./ 18 ntnutes ago
```

Up 18 ntnutes                        dev－peer6,orcg
2.exanple.con－nycc－1.0

## 第二节　合约调用与升级

### 一、Fabric 链码调用

**(一)Fabric 链码调用方法**

Fabric 链码调用有两种方法:Invoke 和 Query。

(1)Invoke 方法:上链操作调用,可以修改账本,会出块。

(2)Query 方法:查询操作调用,只能查询账本数据,如果调用了包含修改账本数据的函数,则会报错。

**(二)mycc 链码功能介绍**

mycc 的合约具体功能如下:

init 函数,也就是合约初始化的函数,创建 A 和 B 两个账户,每个账户设置一个初始值。数据由传入参数决定。

```
func(t * SimpleChaincode)Init(stub shim.ChaincodeStubInterface)pb.Response {
fmt.Println(Mex02 Init")
args := stub.GetFunctionAndParameters()
var A, B string // Entities
van Aval, Bval int // Asset holdings
var err error
if len(args)! = 4 {
return shim.ErrorCIncorrect number of arguments.Expecting 4")
)
// Initialize the chaincode
A = args[0]
Aval, err = strconv.Atoi(args[1])
if err ! = nil {
return shim.Error(MExpecting integer value for asset holding")
}
```

invoke 函数,由账户 A 向账户 B 转账,金额用传参决定。

```
// Transaction makes payment of X units from A to B
```

```go
func(t * SimpleChaincode) invoke(stub shim.ChaincodeStubInterface, args [] string) pb.Response {

    van A, B string    // Entities
    van Aval, Bval int    //Asset holdings
    van X int    //Transaction value
    van err error

    if len(args)! = 3 {
    return shim.Error("Incorrect number of arguments. Expecting 3")
    }
```

delete 函数,删除一个账户。

```go
// Deletes an entity from state
func(t * SimpleChaincode) delete(stub shim.ChaincodeStubInterface, args [] string) pb.Response {
    if len(args)! — 1 {
    return shim.Error("Incorrect number of arguments. Expecting 1")
    }
    A args[0]
    // Delete the key from the state in ledger
    err stub.DelState(A)
    if err! — nil {
    return shim.Error("Failed to delete state")
    }
    return shim.Success(nil)
    }
```

query 函数,查询一个账户的余额。

```go
// query callback representing the query of a chaincode
func(t * SimpleChaincode) query(stub shim.ChaincodeStubInterface, args [] string) pb.Response {
    van A string // Entities
    var err error
    if len(args)! = 1 {
    return shim.Error("Incorrect number of arguments. Expecting name of the person to query")
```

}
A 一 args[0]
// Get the state from the ledger
Avalbytes，err
stub. GetState(A)
if err ！＝ nil {
jsonResp ：＝ "{\"Error\":\"Failed to get state for " ＋ A ＋"\"}"

## 二、脚本调用链码

### (一)script.sh 脚本链码交互

链码进行交互操作,目标为调用 Org1Peer0，Org2Peer0 两个节点进行一次 mycc 的 invoke 函数调用，然后换一个节点 Peer1Org2 查询结果，看调用是否成功，结果是否正确，具体如下所示：

```
if [ "${NO_CHAINCODE}"！＝ "true" ]; then
    ## Install chaincode on peer0. org1 and peer0. org2
    echo "Installing chaincode on peer0. org1... w
    installChaincode 0 1
    echo "Install chaincode on peer 0. org2..."
    installChaincode 0 2
    # Instantiate chaincode on peer0. org2
    echo "Instantiating chaincode on peer0. org2..."
    instantiateChaincode 0 2
    # Query chaincode on peer0. org1
    echo "Querying chaincode on peer0. org1..."
    chaincodeQuery 0 1 100
    # Invoke chaincode on peer0. org1 and peer0. org2
    echo "Sending invoke transaction on peer0. org1 peer0. org2... M
    chaincodeInvoke 0102
    ## Install chaincode on peer1. org2
    echo "Installing chaincode on peer1. org2... w
    installChaincode 1 2
    # Query on chaincode on peer1. org2，check if the result is 90
    echo "Querying chaincode on peer1. org2..."
    chaincodeQuery 1 2 90
```

### (二)script.sh 脚本调用链码

invoke 函数的功能为调用链码，A 账户向 B 账户转 10 元的函数执行，具体如下所示：

```
# Accepts as many peer/org pairs as aesirea ana requests enaorsem
chaincodeInvoke(){
parsePeerConnectionParameters $@
res=$?
verifyResult $res "Invoke transaction failed on channel '$CHANNI

# while * peer chaincode * command can get the orderer endpoint f i
# peer(if join was successful), let,s supply it directly as we
# it using the "-o" option
if [ -Z '$CORE_PEER_TLS_ENABLED' * -o "$CORE_PEER_TLS_ENABLED"=
  set -x
  peer chaincode invoke -o orderer.example.com:7050 -C $CHANNEL
  res=$?
  set +x
else
  set -x
  peer chaincode invoke -o orderer.example.com:7050 ——tls $CORE
  res=$?
  set +x
fi
cat log.txt
verifyResult $res * * Invoke execution on $PEERS failed "
echo
============ Invoke transaction successful on $PI
echo
```

query 函数的功能为获取 A 账户的金额，然后判断与给定的值是否一致，具体如下所示：

```
chaincodeQuery(){
PEER=$1
ORG=$2
setGlobals $PEER $ORG
EXPECTED_RESULT=$3
echo "========= Querying on peer ${PEER}-org ${ORG}
local rc=1
```

```
local starttime=$(date +%s)
# continue to poll
# we either get a successful response, or reach TIMEOUT
while
test "$(($(date +%s)- starttime))" -lt 0tTIMEOUTM -a $rc -r
do
sleep $DELAY
Echo "Attempting to Query peer${PEER},org${ORG} ... $(($(date
set -x
peer chaincode query -C $CHANNEL_NAME -n mycc -c '{"Args":["
res=$?
set +x
test $res -eq 0 && VALUE=$(cat log.txt | awk '/Query Result/
```

**(三)调用链码脚本实操**

mycc 链码 invoke 交互：如果直接用 docker exec cli scripts/script.sh 命令安装合约，则脚本还会执行前面的创建通道加入通道操作，则会报错，所以需要一个新的脚本。

用 script.sh 为模板复制一个新的脚本 invokechaincode.sh

```
cp scripts/scripts.sh scripts/invokechaincode.sh
cjy@cjy-vtrtual-machtne:~/Desktop/fabrtcjroject/fabrtc-sai|iples/ftrst-network$
Is scripts/
capabilities.json script.sh step3Org3.sh utils.sh
instaUchaincode.sh step1org3.sh testorg3.sh
invoKechaincode.sh step2org3.sh 叩gradjto.vl4.sh
cjy@cjy-vtrtual-machtne:~/Desktop/fabric_project/fabrtc-samples/ftrst-networt$
```

把创建通道、加入通道、设置 Anchor Peer 的操作注释掉。再把 chaincodeQuery 0 1 100 前面合约交互的操作注释掉。执行 docker exec cli scripts/invokechaincode.sh，invoke 的实际命令，如下所示：

+ peer chatncode invoke -o orderer.example.con:7050 -tls true --caftle /opt/go

path/src/github.copi/hyperledger/fabric/peer/crypto/ordererOrgantzattons/exanple

.com/orderers/orderer.example.com/msp/tlscacerts/tlsca.exMple.com-cert.pem -C nychannel —n nycc —peerAddresses peerO. orgl. example. con:7051 ——tlsRoot-CertFtle

s/opt/gopath/src/github. con/hyperledger/fabric/peer/crypto/peerOrganizations/org1．exawle．com/peers/peere．orgl·exMple·com/tls/ca·crt ——peerAddresses peerQ. o

rg2. exanple. com:9051 ——tlsRootCertFtl. es /opt/gopath/src/github. con/hyperl. edger/

fabrtc/peer/crypto/peerOrgantzations/org2. example. con/peers/peerQ. orgZ. example,

con/tls/ca. crt —c ,{"Args":[Mtnvoke',,"a",”b","10"]}'

＋res＝0

最终调用结果，可以看到，a账户余额变成了90，如下所示：
Querying chatncode on peerl. org2...
＝＝＝＝＝＝＝＝＝＝＝＝ Querying on peerl. org2 on channel 'mychannel'...＝＝＝＝＝

Attempting to Query peerl. org2...3 secs
＋peer chaincode query —C mychannel —n mycc —c 1{"Args":["query",”a"]}'
＋res＝O
＋set ＋x
90
＝＝＝＝＝＝＝＝＝＝＝＝ Query successful on peerl. org2 on channel 'mychannel

## 三、脚本升级链码

### （一）utils. sh upgrade 链码函数

升级链码版本，如下所示：
Upgrade Chaincode(){
PEER＝＄1
0RG＝＄2
setGlobals ＄PEER ＄ORG

set —x
peer chaincode upgrade —o orderer. example. com:7050 ——tls ＄COR
res＝＄?
set ＋x
cat log. txt

verifyResult $res "Chaincode upgrade on peer ${PEER}.org${ORG}
echo "================== Chaincode is upgraded on peer ${PE
echo
}

**(二)升级链码脚本实操**

将 mycc 链码升级到 2.0。

以 installchaincode.sh 为模板复制一个新的脚本 upgradechaincode.sh 和 script.sh 在一个目录下,然后修改脚本,如下所示:

选择在 Org1Peer0 上升级 2.0 版的 mycc
## Install chaincode on peer0.org1 and peer0.org2
echo MInstalling chaincode on peer0.org1...H
installChaincode 0 1 2.0
# Instantiate chaincode on peer0.org2
echo Mupgrade chaincode on peer0.org2...H
upgradechaincode 0 1

再执行 docker exec cli scripts/upgradechaincode.sh,完成后
docker ps

可以看到 Org1Peer0 启动了一个新的 2.0 的 mycc 容器,升级成功,如下所示:
TATUS       PORTS               NAMES
19193f156a04    dev—peer0.org1,exanple.com—miycc—2.0—2732cd4d96d0b88594aefcd15581

eaa0fb481ad15beeb86cc79931b2a9Oee621    "chaincode—peer.add..." About a minute

ago Up About a ninute                dev—p
eer0.org1.example.con—nycc—2.0

# 第十二章  应用操作问题收集

## 一、问题排查

### (一)排查问题的重要性

软件程序的发布和操作,不可能每次都很顺利,发生问题也很常见。作为一个软件工作者,排查问题、修复漏洞的能力和程序开发的能力一样重要,在日常工作中,排查问题工作会占到开发工作的40%左右。可以说,软件工程师日常有很大一部分时间就是在排查问题、修复问题。

### (二)排查问题的步骤

1.复现问题

复现出错的问题,看是特定情况才会出现的问题还是真正的错误。复现问题,针对的情况是在生产环境中,用户使用出现了问题,但是发生问题时的日志太久远或者是很难定位到准确的时间,则需要复现问题。如果错误持续发生,则不需要此步骤。复现问题有以下两种方式。

(1)在生产环境下立即进行一遍同样的操作,并观察有无出现同样的错误。但要特别注意不能影响生产的系统运行,也不能往系统中插入脏数据。

(2)在测试环境中复现操作,适用于确保测试和生产环境一致的情况下。其优点是测试环境可以任意操作,缺点是测试和生产并不如想象中能完全一致,增加排查难度。

2.定位问题

根据复现问题显示的错误位置,定位问题出现的位置。定位问题主要依靠数据库日志,日志是在发生操作或者业务数据变更后,由系统打出的,也由程序开发者设定日志记录的内容,目的就是记录程序执行的全过程,当程序出现错误的时候,可以及时定位问题。在业务软件系统中大量使用日志,能够起到按图索骥的作用,它对于故障定位和系统正常运行维护具有举足轻重的作用。

所以,日志写得越完善,则定位问题越容易。

3.分析问题

明确问题所在后,分析问题产生的原因。

4.解决问题

根据问题产生的原因解决问题。

5.总结问题

记录产生问题的原因,问题影响的范围以及解决的方法。

## 二、日志管理

### (一)日志介绍

日志文件是程序中写日志函数产生的记录程序执行情况的文件。写日志函数可以用多种编程语言编写,可以像普通的函数一样被调用。在恰当的地方调用该函数,可对整个程序的运行状况有一个全面的了解,方便对程序的跟踪调试。

一般程序日志出自下面几个方面的需求。

(1)记录用户操作的审计日志,甚至有的时候就是监管部门的要求。

(2)快速定位问题的根源。

(3)追踪程序执行的过程。

(4)追踪数据的变化。

(5)数据统计和性能分析。

(6)采集运行环境数据。

### (二)日志等级

事有轻重缓急,日志信息也有重要与不重要之分。一般按照重要程度,将日志等级分为几类。一般共有 7 个等级,用宏定义表示如下。

(1)All:最低等级的,用于打开所有日志记录。

(2)Trace:程序推进的每一步都会产生日志记录。

(3)Debug:记录对调试应用程序很有帮助的事件。

(4)Info:记录程序运行阶段任务的输出。

(5)Warn:记录警告类型的事件,比错误级别低。

(6)Error:记录程序错误信息日志。

(7)Fatal:记录严重的错误事件。

### (三)Docker 容器日志

我们以 Docker 容器日志作为示例进行日志操作介绍,通过 Dockerlogs 命令可以查看容器的日志,对于 Fabric 来说,因为是成熟的开源程序,所以出问题一般都会在日志上有反映。操作过程如下:

(1)启动网络,输入密令:

cd fabric—samples/first—network

(2)启动 Docker 服务,输入密令:

systemctl start docker

(3)启动 Fabric 网络,输入密令:

./byfn. sh up —o solo —n

(4)可以使用容器名,也可以使用容器的 ID 来识别容器。

dockerlogs ——tail30peer0. org1. example. com 可以打出 peer0. org1. example. com 容器最新 30 行日志。

查看 peer0.org1 节点最新 30 行日志并在控制台持续输出。

docker logs——tail 30 —f peer0.org1.example.com

**(四)日志格式**

常见的日志格式中对于每一条日志应含有的信息包括日期、时间、日志级别、代码位置、日志内容、错误码等信息。可以参考 Fabric 的日志格式进行对照。

**(五)Fabric 日志输出等级**

Fabric 的日志输出等级是可以修改的,可以通过 Yaml 文件配置。在 first－network 中,配置位置在 base/peer－base.yaml 文件中 Orderer 日志等级。

Peer 日志等级:

将 Peer 的日志等级调为 Debug

先停止网络输入密令:./byfn.sh down

进入 fabric－samples/first－network,输入密令:vi base/peer－base.yaml。

启动网络,输入密令:./byfn.shup－osolo－n

启动成功后看 Peer 日志,可以看到多了 Debug 日志。

dockerlogs——tail30peer0.org1.example.com

# 第五篇 区块链运维

# 第十三章 系统环境搭建

## 第一节 系统环境概述

### 一、系统环境分类

系统环境可分为三种。
(1)开发环境：用于开发人员开发自测使用，满足基本配置即可。
(2)测试环境：用于测试人员进行系统测试，需尽量与生产环境保持一致配置。
(3)生产环境：用于系统上线运行，配置需满足系统实际要求。

### 二、云服务介绍

**(一)云服务的相关概念**

1. 服务器

服务器是计算机的一种，它比普通计算机运行更快、负载更高、价格更贵。服务器在网络中为其他客户机(如 PC 机、智能手机、ATM 等终端甚至是火车系统等大型设备)提供计算或者应用服务。服务器具有高速的 CPU 运算能力、长时间的可靠运行、强大的 I/O 外部数据吞吐能力以及更好的扩展性。

服务器作为电子设备，其内部的结构十分复杂，但与普通的计算机内部结构相差不大，如 cpu、硬盘、内存、系统、系统总线等。

区块链系统都是运行在服务器上的。

2. 云计算

云计算是继 20 世纪 80 年代到客户端—服务器的大转变之后的又一种巨变。

云计算(Cloud Computing)是分布式计算(Distributed Computing)、并行计算(Parallel Computing)、效用计算(Utility Computing)、网络存储(Network Storage Technologies)、虚拟化(Virtualization)、负载均衡(Load Balance)、内容分发网络(Content Delivery Network)等传统计算机和网络技术发展融合的产物。

## (二)云服务的特点

计算分布在大量的分布式计算机上,而非本地计算机或远程服务器中。企业用户系统的运行与互联网更相似,企业使用云服务商的服务,根据需求访问计算机和存储系统。

这种模式如同从古老的单台发电机模式转向了电厂集中供电的模式一般。它使计算能力也可以作为一种商品进行流通,就像煤气、水电一样,取用方便,费用低廉。最大的不同在于,它是通过互联网进行传输的。

## (三)云服务的分类

常见的云服务有公共云(Public Cloud)与私有云(Private Cloud)两种。

### 1.公有云

公共云是最基础的服务,多个客户可共享一个服务提供商的系统资源,他们无须架设任何设备及配备管理人员,便可享有专业的 IT 服务,这对于一般创业者、中小企业来说,无疑是一个降低成本的好方法。公共云还可细分为 3 个类别。

(1)SaaS(Software－as－a－Service):软件即服务。它是一种通过 Internet 提供软件的模式,用户无须购买软件,而是向提供商租用基于 Web 的软件,来管理企业经营活动。

(2)PaaS(Platform－as－a－Service):平台即服务。PaaS 实际上是指将软件研发的平台作为一种服务,以 SaaS 的模式提交给用户。因此,PaaS 也是 SaaS 模式的一种应用。

(3)IaaS(Infrastructure－as－a－Service):基础设施即服务。消费者通过 Internet 可以从完善的计算机基础设施获得服务。

### 2.私有云

私有云,指的是大企业为了兼顾行业、客户私隐,不可能将重要数据存放到公共网络上,故倾向于架设私有云网络。

私有云的运作形式,与公共云类似。然而,架设私有云却是一项重大投资,企业需自行设计数据中心、网络、存储设备,并且拥有专业的顾问团队。企业管理层必须充分考虑使用私有云的必要性,以及是否拥有足够的资源来确保私有云正常运作。

## 三、Docker 介绍

### (一)Docker 概念

Docker 是一个开源的应用容器引擎,让开发者可以打包他们的应用以及依赖包到一个可移植的容器中,然后发布到任何流行的 Linux 机器或 Windows 机器上,也可以实现虚拟化,容器完全使用沙箱机制,相互之间不会有任何接口,并且可以随时删除停止和重新启动,对虚拟机环境没有影响。如图 13.1 所示。

### (二)镜像概念

镜像是 Docker 运行容器的前提,容器依赖镜像构建,仓库是存放镜像的场所。

Docker 镜像可以看作是一个特殊的文件系统,除了提供容器运行时所需的程序、库、资源、配置等文件外,还包含了一些为运行时准备的配置参数(如匿名卷、环境变量、用户

图 13.1　Docker 图标

等)。镜像不包含任何动态数据,其内容在构建之后也不会被改变。简单来说,镜像就像一个程序包,可以复制到任何一台服务器上,可以生成启动多个一模一样的容器程序。

Docker 镜像制作：

Docker 镜像是分层的,当制作镜像时,一层一层把文件和指令输入执行,这样即可制作一个定制化的镜像。

Docker 容器的生命周期图,如图 13.2 所示。

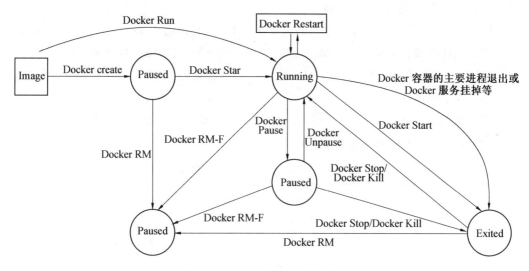

图 13.2　docker 容器生命周期图

## 四、Linux 介绍

### (一)Linux 概念

Linux 全称 GNU/Linux,是一套免费使用和自由传播的类 Unix 操作系统,是一个基于 POSIX 的多用户、多任务、支持多线程和多 CPU 的操作系统。伴随着互联网的发展,Linux 得到了来自全世界软件爱好者、组织、公司的支持。它除了在服务器方面保持着强劲的发展势头以外,在个人电脑、嵌入式系统上都有着长足的进步。使用者不仅可以直观地获取该操作系统的实现机制,而且可以根据自身的需要来修改完善 Linux,使其最大化地适应用户的需要。

Linux 不仅系统性能稳定,而且是开源软件。

### (二) Linux 命令

Linux 命令是对 Linux 系统进行管理的命令。对于 Linux 系统来说,无论是中央处理器、内存、磁盘驱动器、键盘、鼠标,还是用户等都是文件,Linux 系统管理的命令是它正常运行的核心,与之前的 Dos 命令类似。Linux 命令在系统中有两种类型:内置 Shell 命令和 Linux 命令。

控制台(Console)就是日常能见到的使用字符操作界面的人机接口,例如 Dos。控制台命令,就是指通过字符界面输入的可以操作系统的命令,例如 Dos 命令就是控制台命令。

LS 命令:就是 List 的缩写,通过 LS 命令不仅可以查看 Linux 文件夹包含的文件,而且可以查看文件权限(包括目录、文件夹、文件权限)、查看目录信息等等。

CD 命令:切换当前目录至 Dirname。

Pwd 命令:用于查看当前工作目录路径。

Mkdir 命令:用于创建文件夹。

RM 命令:删除一个目录中的一个或多个文件或目录,如果没有使用 −R 选项,则 RM 不会删除目录。如果使用 RM 来删除文件,通常仍可以将该文件恢复原状。

MV 命令:移动文件或修改文件名,根据第二参数类型(如为目录,则移动文件;如为文件则重命名该文件)。

CP 命令:将源文件复制至目标文件,或将多个源文件复制至目标目录。

### (三) Linux 与 Windows 对比(表 13.1)

表 13.1  Linux 与 Windows 对比

|  | Windows | Linux |
| --- | --- | --- |
| 收费 | 对公用户 Windows 需要收费 | 免费 |
| 技术支持 | Windows 官方维护 | Linux 社区成员维护 |
| 开源性 | 不开源 | 开源 |
| 使用市场 | 办公电脑,个人电脑 | 服务器 |

## 第二节  系统环境搭建准备

### 一、Git 安装

#### (一) Git 介绍

1. Git 简史

Linux 内核开源项目有着为数众多的参与者。绝大多数的 Linux 内核维护工作都花在了提交补丁和保存归档的烦琐事务上(1991—2002 年间)。到 2002 年,整个项目组启用一个专有的分布式版本控制系统 BitKeeper 来管理和维护代码。

到了 2005 年,开发 Bit Keeper 的商业公司同 Linux 内核开源社区的合作关系结束,他们收回了 Linux 内核社区免费使用 BitKeeper 的权力。这就迫使 Linux 开源社区(特别是 Linux 的缔造者 Linus Torvalds)基于使用 Bit Keeper 时的经验教训,开发出自己的版本系统。他们对新的系统制订了若干目标。

(1)速度。
(2)简单的设计。
(3)对非线性开发模式的强力支持(允许成千上万个并行开发的分支)。
(4)完全分布式。
(5)有能力高效管理类似 Linux 内核一样的超大规模项目(速度和数据量)。

自诞生于 2005 年以来,Git 日臻成熟完善,在高度易用的同时,仍然保留着初期设定的目标。它的速度飞快,极其适合管理大项目,有着令人难以置信的非线性分支管理系统。

2. Git 定义

Git 是用于 Linux 内核开发的版本控制工具。与常用的版本控制工具 CVS、Subversion 等不同,它采用了分布式版本库的方式,不需要服务器端软件支持(区分是用什么样的服务端,使用 Http 协议或者 Git 协议等不太一样。并且在 Push 和 Pull 的时候和服务器端还是有交互的),使源代码的发布和交流极其方便。Git 的速度很快,这对于诸如 Linux Kernel 这样的大项目来说自然很重要。Git 最为出色的是它的合并跟踪(Merge Tracing)能力。

实际上内核开发团队决定开始开发和使用 Git 来作为内核开发的版本控制系统的时候,社群的反对声音不少,最大的理由是 Git 太艰涩难懂,从 Git 的内部工作机制来说,的确是这样。但是随着开发的深入,Git 的正常使用都由一些友好的脚本命令来执行,使 Git 变得非常好用,即使是用来管理我们自己的开发项目,Git 都是一个友好、有力的工具。现在,越来越多的著名项目采用 Git 来管理项目开发。

**(二)Git 功能特性**

从一般开发者的角度来看,Git 有以下功能。
(1)从服务器上克隆完整的 Git 仓库(包括代码和版本信息)到单机上。
(2)在自己的机器上根据不同的开发目的,创建分支,修改代码。
(3)在单机上自己创建的分支上提交代码。
(4)在单机上合并分支。
(5)把服务器上最新版的代码 Fetch 下来,然后跟自己的主分支合并。
(6)生成补丁(Patch),把补丁发送给主开发者。
(7)看主开发者的反馈,如果主开发者发现两个一般开发者之间有冲突(他们之间可以合作解决的冲突),就会要求他们先解决冲突,然后再由其中一个人提交。如果主开发者可以自己解决,或者没有冲突,就通过。

(8)一般开发者之间解决冲突的方法,开发者之间可以使用 Pull 命令解决冲突,解决完冲突之后再向主开发者提交补丁。

### (三)安装 Git 操作

在 Linux 的 Centos 系统下,使用 Yum Install Git – y 命令安装 Git,成功后执行 Git Version 可以看到 Git 版本。

## 二、Fabric－Samples 下载

### (一)Fabric－Samples 代码

Fabric－Samples 的代码是 Fabric 官方的示例网络启动案例需要从 Github 上下载。

下载命令:

git clonehttps://github.com/hyperledger/fabric－samples.git

下载后是一个名为 fabric－samples 的文件夹。

进入 fabric－samples 文件夹,切到 v1.4.3 的 tag 分支,1.4.3 是 fabric 比较稳定的版本。

输入指令切换分支:

cd fabric－samples

git checkout v1.4.3

输入指令 git branch 可以查看当前分支。

### (二)Fabric－Samples 二进制工具

Fabric 网络启动需要一些官方提供的二进制工具,比如生成数字证书、通道配置文件等,需下载这些工具文件,并放到 Fabric－Samples 根目录下。

wgethttps://github.com/hyperledger/fabric/releases/download/v1.4.3/hyperledger－fabric－linux－amd64－1.4.3.tar.gz

下载后是一个压缩包,tar 格式。

解压缩 tar 包。

tar－zxvf hyperledger－fabric－linux－amd64－1.4.3.tar.gz

解压后看到两个文件夹。

bin 和 config

将这两个二进制工具文件移至 fabric－samples 文件夹中。

输入指令:

mv bin fabric－samples/

mv config fabric－samples/

## 三、Docker 安装

### (一)Yum 包更新

Fabric 所有的节点都用 Docker 镜像的方式启动,需安装 Docker 软件。
Docker 下载需要最新的 Yum 源。
输入指令 yum update －y 更新 yum 包。
安装 yum－utils 工具。
输入指令:
yum install －y yum－utils
添加 docker 稳定的 yum 源,国内用阿里云源速度快。
输入指令:
yum－config－manager ——add－repo http://mirrors.aliyun.com/docker－ce/linux/centos/docker－ce.repo

### (二)Docker 安装

安装 Docker。
输入指令:
yum install docker－ce－y
安装成功后,即可使用 Docker 命令。
Docker Version 查看 Docker 版本。
启动 Docker 服务:
systemctl start docker
成功后执行 docker images 查看已下载的镜像。

## 四、Docker－Compose 安装

### (一)Docker－Compose 介绍

Docker－Compose 是用于定义和运行多容器 Docker 应用程序的工具。通过 Compose,可以使用 YML 文件来配置应用程序需要的所有服务。并且一个命令即可从 YML 文件配置中创建并启动所有服务。
Compose 使用的步骤:
(1)使用 Dockerfile 定义应用程序的环境。
(2)使用 Docker－Compose.YML 定义构成应用程序的服务,这样它们可以在隔离环境中一起运行。
(3)执行 Docker－Compose up 命令来启动并运行整个应用程序。
Fabric 节点的容器需使用 Docker－Compose 来启动。

### (二)Docker－Compose 安装

下载 Docker－Compose 文件,并放到/Usr/Local/Bin/下。Docker－Compose 就是

一个二进制文件。

curl －L https://get.daocloud.io/docker/compose/releases/download/1.12.0/docker－compose-`uname －s`-`uname －m` ＞ /usr/local/bin/docker－compose

给 Docker－Compose 增加执行权限。

chmod ＋x /usr/local/bin/docker－compose 此命令没有输出。

输入 docker－compose,如果出现 docker－compose,则表示成功。

# 第十四章　系统配置

## 第一节　配置方式

### 一、Docker 镜像下载

**(一)配置 Docker 国内源**

使用国内的 Docker 镜像源会更快。所以使用 Docker 下载镜像前要先配置国内的源。

(1)使用编辑器打开 Docker 配置文件,命令:

vi /etc/docker/daemon.json;

(2)在文件中写入:

{"registry-mirrors":["http://hub-mirror.c.163.com"]}

(3)保存并退出编辑器,命令:

wq!

(4)重启 Docker 服务,命令:

systemctl restart docker

**(二)下载 Fabric 镜像**

Fabric 基础网络使用的镜像为 hyperledger/fabric-orderer:latest,hyperledger/fabric-peer:latest,hyperledger/fabric-tools:latest,冒号后面的为 Tag,也就是版本。

下载镜像命令:

docker pull hyperledger/fabric-orderer:latest

docker pull hyperledger/fabric-peer:latest

docker pull hyperledger/fabric-tools:latest

下载完成后查看镜像命令:docker images

[root(aiZwz9d7emfpbvnlkvf65glZ first-network]# systemctl restart docker [root(aiZwz9d7emfpbvnlkvf65glZ first-network]# docker images REPOSITORY TAG IMAGE ID CREATED SIZE hyperledger/fabric-tools latest e642eef94cae 14 months ago 1.5GB hyperledger/fabric-orderer latest la326828a41f 14 months ago 127MB hyperledger/fabric-peer latest b31292eb8166 14 months ago 135MB [root(aiZwz9d7emfpbvnlkvf65glZ first-network]#

## 二、YAML 文件介绍

### (一)YAML 介绍

YAML 是 YAML Ain't a Markup Language(YAML 不是一种标记语言)的递归缩写。在开发这种语言时,YAML 的意思其实是 Yet Another Markup Language(仍是一种标记语言)。

YAML 的语法和其他高级语言类似,并且可以简单表达清单、散列表、标量等数据形态。它使用空白符号缩进和大量依赖外观的特色,特别适合用来表达或编辑数据结构、各种配置文件。

YAML 的配置文件后缀为.yml 或者.yaml,如:runoob.yml

### (二)YAML 基本语法

(1)大小写敏感。

(2)使用缩进表示层级关系。

(3)缩进不允许使用 Tab,只能使用空格。

(4)缩进的空格数不重要,只要相同层级的元素左对齐即可。

(5)♯表示注释。

### (三)YAML 对象

对象键值对使用冒号结构表示 key:value,冒号后面要加一个空格。

也可以使用 key:{key1:value1, key2:value2, ...}。

还可以使用缩进表示层级关系。

key:child-key:value

child-key2:value2

### (四)YAML 文件示例

version:'3 services:mongodb3.2:container_name:mongodb3.2 image:xxxxxx/library/zujuan_mongodb3.2:vl ports:— "16016:27017" volumes:—'7Docker—Ser/Hongodb/data/db:/data/db:rwM — '7Docker — Ser/Mongodb/data/backup:/data/backup:rw" networks:mall—network:aliases:— mongodb3.2 redis:container_name:redis image:xxx:5588/library/zujuan_redis:vl ports:— M7480:6379" networks:mall—network:aliases:—redis depends_on:— mongodb3.2

## 三、Fabric—Samples 介绍

### (一)Fabric 架构

这个架构参考关注在 3 个类别中,即会员(Membership)、区块链(Blockchan)和链码(Chaincode)。这些类别是逻辑结构,而不是物理上的把不同的组件分割到独立的进程、地址空间、(虚拟)机器中。如图 14.1 所示。

## 第十四章 系统配置

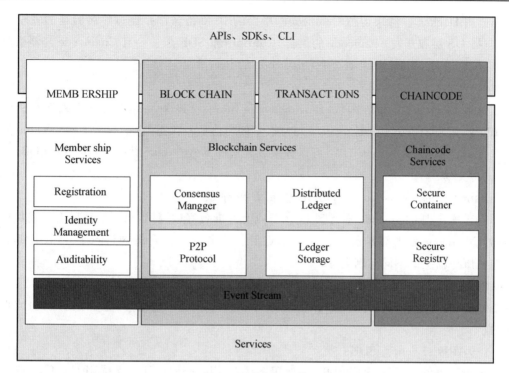

图 14.1 Fabric 架构

以上是 Fabric 核心组件,分成 3 个部分:成员、区块链和交易、链码(智能合约)。

1. 成员服务

包含下列组件:注册、身份认证管理及审计。

成员服务通过公钥基础设施(Public Key Infrastructure,PKI)和去中心化的/共识技术使得不带权限的区块链变成带权限的区块链。成员必须被许可才能加入网络,通过实体注册来获得长时间的,可能根据实体类型生成的身份凭证(登记证书 Enrollment Certificates)。在用户使用过程中,这样的证书允许交易证书颁发机构(Transaction Certificate Authority,TCA)颁发匿名证书。交易证书被用来对提交交易授权。交易证书存储在区块链中,并对审计集群授权,否则交易是不可链接的。

2. 区块链服务

包含下列组件:共识管理、分布式账本、点对点网络和分类存储。

区块链服务通过 HTTP/2 上的点对点(Peer-to-Peer)协议来管理分布式总账。为了提供最高效的哈希算法来维护世界状态的复制,数据结构进行了高度的优化。每个部署中可以插入和配置不同的共识算法(PBFT、Raft、PoW、PoS)。

3. 链码服务

包含下列组件:安全容器、安全注册中心。

Fabric 的智能合约 Smart Contract 称为链码 Chaincode,是一段代码,它处理网络成员所同意的业务逻辑。

链码可采用 Go、Java、Node.js 语言编写。链码被编译成一个独立的应用程序,

Fabric 用 Docker 容器来运行 Chaincode,里面的 Base 镜像都是经过签名验证的安全镜像,包括 OS 层和开发 Chaincode 的语言、Runtime 和 SDK 层。一旦 Chaincode 容器被启动,它就会通过 GRPC 与启动这个 Chaincode 的 Peer 节点连接。

(1)账本。

账本 Ledger 主要包含两块:Blockchain 和 State。Blockchain 就是一系列连在一起的 Block,用来记录历史交易。State 对应账本的当前最新状态,它是一个 Key－Value 数据库,Fabric 默认采用 LevelDB,可以替换成其他的 Key－value 数据库,如 CouchDB。

(2)交易。

Fabric 上的 Transction 交易分两种:部署和调用。

①部署。把 Chaincode 部署到 Peer 节点上并准备好被调用,当一个部署交易成功执行时,Chaincode 就被部署到各个 Peer 节点上。好比把一个 Web Service 或者 EJB 部署到应用服务器上的不同实例上。

②调用。客户端应用程序通过 Fabric 提供的 API 调用先前已部署好的某个 chaincode 的某个函数执行交易,并相应地读取和写入 KV 数据库,返回是否成功或者失败。

(3)APIs、Events、SDKs

Fabric 提供 API 方便应用开发,对服务端的 Chaincode,目前支持用 Go、Java 或者 Node.js 开发。对客户端应用,Fabric 目前提供 Node.js 和 Java SDK。未来计划提供 Python 和 Go SDK,Fabric 还提供 RESTAPI。对于开发者,还可以通过 CLI 快速测试 Chaincode,或者查询交易状态。在区块链网络里,节点和 Chaincode 会发送 Events 来触发一些监听动作,方便与其他外部系统的集成。

(二)系统准备工作

(1)安装 git ,docker, docker－compose。

(2)下载 fabric－samples 代码(git clone https://github.com/hyperledger/fabric－samples.git)。切到 v1.4.3 的 tag。

(3)下载 v1.4.3 的二进制工具,然后到 fabric－samples 根目录下解压缩。

(4)下载:

hyperledger/fabric－orderer:latest

hyperledger/fabric－peer:latest

hyperledger/fabric－tools:latest

进入 fabric－samples 目录,然后进入 first－network 文件夹,这里即为示例网络的脚本位置:

cjyQcjy － virtual － machine: */Desktop/fabric_project/fabric － samples/first －networks * 1 base byfn • sh ccp－generate. sh ccp－ template. json ccp－template. yaml channel － artifacts configtx. yaml connection － org1. json connection － org1. yaml connection－ org2. json connection － org2. yaml connection － org3. json connection －

org3. yaml crypto－config crypto-config. yaml docker－compose－ca. yaml docker－compose－cli. yaml docker－compose－couch－org3. yanl docker－compose－couch. yaml docker－compose－e2e－template. yaml docker－compose－e2e. yaml docker－compose－etcdraft2. yaml docker－compose－kafka. yaml docker－compose－org3. yaml eyfn. sh org3－artifacts README. nd scripts

### （三）Fabric－Samples 启动顺序

（1）生成各节点的证书文件和通道的配置文件。

（2）启动 Orderer、Peer 和 Cli Docker 容器。

（3）完成基础的配置和通道搭建。

（4）安装合约。

（5）合约交互。

### （四）Fabric－Samples 配置文件

（1）证书的信息配置文件 crypto－config. yaml

证书的信息配置文件 crypto-config. yaml

\# ————————————————————

OrdererOrgs：\# ————————————————

Orderer \# ——————————————————————Name：Orderer

Domain：example. com

EnableNodeOUs：true \# ————————————————

\# "Specs" － See PeerOrgs below for complete description \# ——————————————————————Specs：

— Hostname：orderer

— Hostname：orderer2

— Hostname：orderer3

— Hostname：orderer4

— Hostname：orderers

PeerOrgs：\# ———————————————————— \# Orgl \# ——————————————————————Name：Orgl

Domain：orgl. example. com

EnableNodeOUs：true

Template：Count：2

\# Start：5

\# Hostname：{{.Prefix}}{{.Index}} \# default \# —————————————————— \# "Users"

```
# --------------------------------
# Count: The number of user accounts _in addition_ to Admin
# --------------------------------
Users:
    Count: 1 # -------------------------------- # Org2: See
"Org1" for full specification # --------------------------------
——Name: Org2
    Domain: org2.example.com
    EnableNodeOUs: true
    Template:
      Count: 2
    Users:
      Count: 1
```

(2)证书的信息配置文件 configtx.yaml。

```
Organizations:
# SampleOrg defines an MSP using the sampleconfig. It should never be used # in production but may be used as a template for other definitions —&.OrdererOrg
# DefaultOrg defines the organization which is used in the sampleconfig # of the fabric.git development environment
    Name: OrdererOrg
    # ID to load the MSP definition as
    ID: OrdererMSP
    # MSPDir is the filesystem path which contains the MSP configuration MSPDir: crypto-config/ordererOrganizations/example.com/msp

    # Policies defines the set of policies at this level of the config tree # For organization policies, their canonical path is usually
    # /Channel/<Apploaction|Orderer>/<OrgName>/<PolicyName>
    Policies:
      Readres:
        Type: Signature
        Rule: "OR('OrdererMSP.member')"
      Writers:
        Type: Signature
        Rule: "OR('OrdererMSP.member')"
      Admins:
        Type: Signature
```

Rule: "OR('OrdererMSP.admin')"
- &.Orgl
\# DefaultOrg defines the organization which is used in the sampleconfig \# of the fabric.git development environment
Name: OrglMSP
\# ID to load the MSP definition as
ID: OrglMSP
MSPDir: crypto-config/peerOrganizations/orgl.example.com/msp
\# Policies defines the set of policies at this level of the config tree \# For organization policies, their canonical path is usually
\# /Channel/<Application|Orderer>/<OrgName>/<PolicyName>
Policies:
Readers:
Type: Signature
Rule: "OR('OrglMSP.admin\'OrglMSP.peer','OrglMSP.client*)"
Writers:
Type: Signature
Rule: "ORCOrglMSP.admin','OrglMSP.client')"
Admins:
Type: Signature
Rule: "OR('OrglMSP.admin')"
\# leave this flag set to true
AnchorPeers:
\#AnrhoTPeers defines the location of peers which can be used
\# for cross org gossip communication. Note, this value is only
\# encoded in the genesis block in the Application section context
- Host: peer©.orgl.example.com
Port: 7051

(3)容器启动信息配置文件docker-compose-cli.yaml。
services:
orderer.example.com:
extends:
file: base/docker-compose-base.yaml
service: orderer.example.com
container name: orderer.example.com
netvorks:
- byfn

peer@.org1.example.com:
container name: peer@.org1.example.com
extends:
file: base/docker-compose-base.yaml
service: peer@.org1.example.com
networks:
— byfn
(4) 容器启动信息配置文件 base/docker-compose-base。
version: "2"
services:
peer-base:
image: hyperledger/fabric-peer: $IMAGE_TAG
environment:
CORE VM ENDPOINT=unix:///host/var/run/docker.sock
# the following setting starts chaincode containers on the same
# bridge network as the peers
# https://docs.docker.com/compose/networking/
CORE VM DOCKER HOSTCONFIG NETWORKMODE — ${COMPOSE PROJECT NAME} byfn
FABRIC LOGGING SPEC—INFO
# FABRIC LOGGING SPEC=DEBUG
CORE PEER TLS ENABLED—true
CURE_PEER GOSSIP USELEADERELECTION=true
CORE PEER GOSSIP ORGLEADER—false
CORE PEER PROFILE ENABLED—true
CORE _PEER_TLS_CERT_FILE=/etc/hyperledger/fabric/tls/server.crt
CORE_PEER_TLS_KEY_FILE=/etc/hyperledger/fabric/tls/server.key
CORE _PEER _TLS_ ROOTCERT _FILE=/etc/hyperledger/fabric/tls/ca.crt
working dir: /opt/gopath/src/github.com/hyperledger/fabric/peer
command: peer node start
(5) 容器启动信息配置文件 base/peer—base.yaml。
orderer.example.com:
container name: orderer.example.com
extends:
file: peer—base.yaml
service: orderer—base
volumes:

/channel-artifacts/genesis.block:/var/hyperledger/orderer/orderer.genesis.blo

../crypto — config/ordererOrganizations/example. com/orderers/orderer. example.com/

../crypto — config/ordererOrganizations/example. com/orderers/orderer. example.com/

orderer.example.com:/var/hyperledger/production/orderer

ports:

7050:7050

peer@.org1.example.com:

container name:peer@.org1.example.com

extends:

file:peer-base.yaml

service:peer-base

environment:

— CORE PEER ID—peere.orgi.example.com

CORE_PEER_ADDRESS=peer@.orgi.example.com:7051

CORE PEER_LISTENADDRESS—e.e.0.0:7051

CORE_PEER_CHAINCODEADDRESS=peer@.orgi.example.com:7052

— CORE PEER CHAINCODELISTENADDRESS=0.0.0.0:7052

— CORE_PEER_GOSSIP_BOOTSTRAP—peer1.orgi.example.com:8051

CORE _ PEER _ GOSSIP _ EXTERNALENDPOINT — peer @. orgi. example. com:7051

— CORE_PEER_LOCALMSPID=Org1MSP

volumes:

## 第二节 节点和客户服务通信方式

### 一、byfn.sh 脚本

#### (一)bash 脚本

1. Shell

Shell 是外壳的意思,就是操作系统的外壳。用户通过 Shell 命令来操作和控制操作系统,比如 Linux 中的 Shell 命令就包括 ls、cd、pwd 等等。总体来说,Shell 是一个命令解释器,它通过接受用户输入的 Shell 命令来启动、暂停、停止程序的运行或对计算机进行控制。

## 2. 脚本

脚本就是由 Shell 命令组成的文件,这些命令都是可执行程序的名字,脚本不用编译,它通过解释器解释运行,所以速度相对来说比较快。

## 3. Linux 的脚本和解释器

有 Dash 和 Bash 两种,但 Dash 没有 Bash 功能全面,所以通常使用 Bash。

### (二)byfn.sh

Byfn.sh 是用 Bash 脚本编写的,用来启动 Fabric 网络和停止 Fabric 网络的脚本。

Fabric 官方把复杂的操作封装在这个脚本之中,这样只需要使用简单的命令行就可以完成 Fabric 示例网络的启动和停止。同时还可以通过不同的参数来设置不同的启动选项。

在实际工作中,脚本也是被广泛使用的。当需要让程序一键执行一系列的命令的时候,通常都使用 Bash 脚本来完成。

### (三)byfn.sh 脚本命令

(1)启动示例网络,使用单 Orderer 共识,不装智能合约。

./byfn.sh up -o solo -n

(2)启动示例网络,使用单 Orderer 共识,安装智能合约。

./byfn.sh up -o solo

(3)停止网络,清理环境。

./byfn.sh down

## 二、byfn.sh 脚本详解

### (一)solo 共识网络启动

(1)检查镜像。

(2)需要 fabric-tools,fabric-orderer,fabric-peer。

(3)er images

[rootel-wz<sn14n< I1rst-network]

rroot@izwz92shyeujiboc1594hdz rirgt-network]# docker images

REPOSITORY      TAG    IMAGE ID

hyperledger/fabric-tools

latest

e642eef94cae

hyperledger/fabric-orderer

latest

1a326828a41f

hyperledger/fabric-peer

latest

## 第十四章　系统配置

b31292eb8166

CREATED

15 months ago

15 months ago

15 months ago

SIZE

1.5GB

127MB

135MB

1. 启动 Fabric Solo 共识网络，不装智能合约

cd fabric－samples/first－network 进入目录

使用 ./byfn.sh up －o solo －n 启动 solo 共识网络

[root@iZwz92shyeujibocl594hdz first－network]＋

/byfn.sh up －o solo －n

Starting for channel

"mychannel' with CLI timeout of '10' seconds and CLI del

of

13' geconds

Continue?[X/n] y

这里有个确认，输入 y 回车

MULL/ TUNELU/DECL/CLYDLUTULUELELULYCIL

le.com/msp/tlscacerts/tlsca.example.com－cert.pem

＋ res＝0

get ＋

2021－20－18 07:40:57.766 UIC[channe 1Cma]InitCmaFactozy

－＞、INF0 001 Endorser

d orderer connections initialized

我

2021－10－18 07:40:57.790 UTC[channelma]update －＞ INFO 002 Successfully subr

ted channel update

＝＝ Anchor peers updated for org ＊ Org2MSP on channel "mycnel" ＝＝

＝＝＝＝＝＝ ALL GOOD, BYFN execution completed ＝＝＝＝＝＝＝＝

END

等待执行完毕

**(二)查看节点**

Docker Ps,可以看到起了四个 Peer 一个 Orderer 一个 Cli,Peer 按照名称可以看到分属于两个组织 Org1、Org2,这样就启动了两个 Org 四个 Peer 一个 Orderer 的网络。注意检查是不是都正常启动。

CONTAINER ID
IMAGE
TRIAND
STATUS
PORTS
441bad007679
hyperledger/fabric－tools:latest
"/bin/bash"
9 ago
Up 8 minutes
a0e09401ce7a
hyperledger/fabric－peer:latest
"peer node start"
9 ago
Up 8 minutes
0.0.0.0:8051－>8051/tcp,:::8051－>8051/tcp
g1.example.com
c6e3134784c8
9 ago
Up 8 minutes
hyperledger/fabric－peer:latest
"peer node start"
0.0.0.0:10051－>10051/tp,:::10051－>10051/tcp
g2.example.com
30e1871c1733
9
ago
Up 8 minutes
hyperledger/fabric－peer:latest
"peer node start"

0.0.0.0:9051->9051/tcp,:::9051->9051/tcp
g2.example.com
e7b487eea263
9 ago
Up 8 minuteg
hyperledger/fabric-orderer:latest
"orderer"
0.0.0.0:7050->7050/tcp,
:::7050->7050/tcp
example.com
17860300365
hyperledger/fabric-peer:latest
"peer node start"
9 ago
Up 8 minutes
0.0.0.0:7051->7051/tcp,:::7051->7051/tcp
gl.example.com
[rootliZwz92shyeujiboc1594hdz ~]f
CREATEI
NAMES
8 minut
cli
8 minut
peerl.d
8 minut
peerl.d
8 minut
peerl.
8 minut
orderet
8 minut
peer0.g

Docker Ps －A 可以查看到没有正常运行的容器，如果 Docker Ps 发现容器有少，那么则可以通过这个命令查看是哪一个容器启动有问题。

rabric－gamples
[root@iZwz92shyeujiboc1594hdz ~]# docker ps

-a
CONTAINER ID
IMAGE
COMMAND
STATUS
PORTS
441bad007679
hyperledger/fabric-tools:latest
"/bin/bash"
les ago
Up 14 minutes
a0e09401cela
hyperledger/fabric-peer:latest
"peer node start"
les ago
Up 14 minutes
0.0.0.0:8051->8051/tcp,
:::8051->8051/tcp
Dorgl.example.com
c6e3134784c8
es ago
Up 14 minutes
hyperledger/fabric-peer:latest
"peer node start"
0.0.0.0:10051->10051/tcp,:::10051->10051/tcp
org2.example.com
30e1871c1733
es ago
Up 14 minutes
hyperledger/fabric-peer:latest
"peer node start"
0.0.0.0:9051->9051/tcp,
:::9051->9051/tcp
org2.example.com
e7b487eea263
es ago
Up 14 minutes

hyperledger/fabric-orderer:latest
0.0.0.0:7050->7050/tcp,
"orderer"
:::7050->7050/tcp
CREATEL
NAMES
14 min
cli
14 mint
peer?
14 mint
peeri
14 mint
peerl
14 mint
ordel

# 第三节 区块链数据存储设置方式

## 一、Fabric 数据库介绍

**(一)Fabric 数据库选择**

在 Hyperledger Fabric 项目中,目前可以支持的状态数据库有两种。

(1)LevelDB:LevelDB 是嵌入在 Peer 中的默认键值对(Key-Value)状态数据库。

(2)CouchDB:CouchDB 是一种可选的替代 LevelDB 的状态数据库。与 LevelDB 键值存储一样,CouchDB 不仅可以根据 Key 进行相应的查询,还可以根据不同的应用场景需求实现复杂查询。

**(二)LevelDB 数据库**

LevelDB 是一个持久化的 Key/Value 存储,Key 和 Value 都是任意的字节数组(Byte Arrays),并且在存储时,Key 值根据用户指定的 Comparator 函数进行排序。

1. LevelDB 的特点

(1)Keys 和 Values 是任意的字节数组。

(2)数据按 Key 值排序存储。

(3)调用者可以提供一个自定义的比较函数来重写排序顺序。

(4)提供基本的 Put(Key,Value)、Get(Key)、Delete(Key)操作。

(5)多个更改可以在一个原子批处理中生效。

(6)用户可以创建一个瞬时快照(Snapshot),以获得数据的一致性视图。

(7)在数据上支持向前和向后迭代。

(8)使用 Snappy 压缩库对数据进行自动压缩。

2. LevelDB 的缺点

(1)这不是一个 SQL 数据库,它没有关系数据模型,不支持 SQL 查询,也不支持索引。

(2)同时只能有一个进程(可能是具有多线程的进程)访问一个特定的数据库。

(3)该程序库没有内置的 Client－Server 支持,有需要的用户必须自己封装。LevelDB 只是一个 C/C++ 编程语言的库,不包含网络服务封装,所以无法像一般意义的存储服务器(如 MySQL)那样,用客户端来连接它。LevelDB 自己也声明,使用者应该封装自己的网络服务器。如图 14.2 所示。

图 14.2　LevelDB

### (三)CouchDB 数据库

CouchDB 是一个文档型数据库服务器,是围绕一系列语义上自包含的文档而组织的。CouchDB 中的文档是没有模式的(Schema Free),也就是说并不要求文档具有某种特定的结构。一般来说,围绕文档来构建的应用都比较适合使用 CouchDB 作为其后台存储。

CouchDB 也提供基于 Map Reduce 编程模型的视图来对文档进行查询,可以提供类似于关系数据库中 SQL 语句的能力。CouchDB 对于很多应用来说,提供了关系数据库之外的更好的选择。

CouchDB 的主要功能特性如下。

(1)CouchDB 是分布式的数据库,他可以把存储系统分布到 $n$ 台物理的节点上面,并且很好地协调和同步节点之间的数据读写一致性。

(2)CouchDB 是面向文档的数据库,存储半结构化的数据,特别适合存储文档,因此很适合 CMS、电话簿、地址簿等应用,在这些应用场合,文档数据库要比关系数据库更加方便,性能更好。

(3)CouchDB 支持 REST API,可以让用户使用 Java Script 来操作 CouchDB 数据库,也可以用 Java Script 编写查询语句,还可以让业务系统直接调用。如图 14.3 所示。

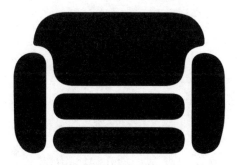

图 14.3　CouchDB

**（四）Fabric 数据库的区别（表 14.1）**

表 14.1　Fabric 数据库的区别

| 特性 | LevelDB | CouchDB |
|---|---|---|
| 存储 | Key Value | 文档 |
| 查询 | 只支持 Key 查 Value | 支持富查询 |
| 索引 | 无 | 有 |
| 性能 | 更快 | 比 LevelDB 慢 |

富查询是 Fabric 里原生的概念编写富查询的方式查询数据。查询语句是一种特定的 JSON 格式，如下所示：

{
"selector":{
"coin": 100
}
}

Selector 对应一个列表，列表包含多个单元，每个单元匹配一个字段，譬如上述匹配的是满足 Coin 值为 100 的 User 数据。

## 二、使用 CouchDB 数据库

**（一）Byfn. sh 使用 CouchDB 数据库**

Byfn. sh 脚本启动默认使用 LevelDB，如果要使用 CouchDB，需要加一个参数。
./byfn. sh up －o solo －n －s couchdb
echo
echo
echo
echo
echo

echo

-d <delay>

- delay duration In seconds(defaults to 3)

-f<docker-compose-file>

- specify which docker-compose file use(defaults to docker-compose-cli.yar

-S

<.dbtype

- the database backend to use: goleveldb(default)or couchdb"

-1

<language> - the chaincode language: golang(default)or node"

-O

<consensus-type> - the consensus-type of the ordering service: solo(default), kafka, or etcdrafi

(imagetar

the tan to he used to launc' the netwonk

Idefanitosto

启动真正的语句在这里:
实际调用命令

docker-compose -f docker-compose-cli.yaml -f docker-compose-couch.yaml up -d

COMPOSE FILES= Y COMPOSE FILEST

OT * COMPOSE

RAFIZY

fi

if I

"S{IF _COUCHDB}"

==

"couchdb" ]: then

COMPOSE_FILES=" $ (COMPOSE_FILES} -f SECONPOSE_FILE_COUCH)

fi

IMAGE TAG- $ IMAGETAG docker-compose $ {COMPOSE FILES} up

-d 2>81

docker ps

-a

CouchDB 的配置:

用户名,密码,端口,留空则默认使用默认值,无密码,实际工作中需要使用密码。

\# for CouchDB,This will prevent couchUs from operating in an "Admin Party" mode.

environment:
COUCHDB USER=
COUCHDB PASSWORD=

\# Comment/Uncomment the port mapping if you want to hide/expose the CouchDB service,

\# for example map it to utilize Fauxton User Interface in dev environments

ports:

"5984:5984"

networks:

— byfn

### (二)YAML 文件配置

Peer 端增加的配置:

数据库配置项改成 CouchDB,用户名,密码,端口,如果前面 CouchDB 留空则也留空,否则需一一对应。

peer@.orgl.example.com:

environment:

CORE_LEDGER STATE STATEDATABASE=CouchDB

— CORE LEDGER STATE COUCHDBCONFIG _ COUCHDBADDRESS = couchdbo:5984

\# The CORE_LEDGER_STATE_COUCHDBCONFIG _USERNAME and CORE_LEDGER_STATE_COUCHDBCONFIG_PASSWORD

\# provide the credentials for ledger to connect to CouchDB..

The username and password must

\# match the username and password set for the associated CouchDB.

— CORE LEDGER STATE COUCHDBCONFIG USERNAME =

CORE LEDGER STATE COUCHDBCONFIG PASSWORD=

depends on:

### (三)启动操作

CouchDB 是外接的数据库,也使用 Docker 容器运行,所以首先要下载 CouchDB 镜像。

docker pull hyperledger/fabric—CouchDB:0.4.10

然后 docker tag hyperledger/fabric — CouchDB:0.4.10 hyperledger/fabric —

CouchDB:latest

 hyperledger/fabric-tools

 latest

 18ed4dbOcd57

 2 years ago

 1.55GB

 hyperledger/fabric-peer

 1.4.3

 fa87ccaedoef

 2 years ago

 179MB

 hyperledger/fabric-CouchDB

 0.4.10

 3092eca241fc

 3 years ago

 1.61GB

 hyperledger/fabric-CouchDB

 latest

 3092eca241fc

 3 years ago

 1.61GB

 civ@civ-virtual-machine:~/Desktop/fabricproject/fabric-samples/first-networks

 执行./byfn.sh up -o solo -n -s CouchDB

 + set +x

 2021-09-30 07:44:02.680 UTC [channelCmd] InitCmdFactory -> INFO 001 Endorser and orderer connections initialized

 2021-09-30 07:44:02.702 UTC [channelCmd] update -> INFO 002 Successfully submitted channel update

 =========== Anchor peers updated for org "Org2MSP" on channel 'mychannel' ===============

 =============== All GOOD, BYFN execution completed ========

 END

 启动成功

## 第四节 共识方式选择

### 一、Fabric 共识方式

#### （一）Solo 共识

Solo 模式只有一个单 Orderer，用来进行接收交易、出块和分发的全过程，单 Orderer 宕机则网络宕机，主要用于开发测试使用。如图 14.4 所示。

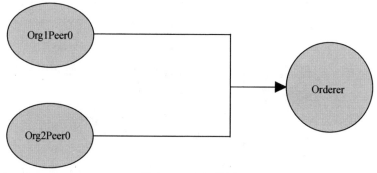

图 14.4　Solo 共识

#### （二）Kafka 共识

Kafka 模式利用 Kafka 集群支持多通道分区排序的集群时序服务，使用 Kafka 来完成交易的排序。Orderer 负责获取 Kafka 的排序结果进行打包区块。该模式可以容忍部分节点失效（Crash），但不能容忍恶意节点，其基于 Zookeeper 进行 Paxos 算法选举，支持 ($2f+1$) 节点集群，$f$ 代表失效节点个数。即 Kafka 可以容忍少于半数的共识节点失效。如图 14.5 所示。

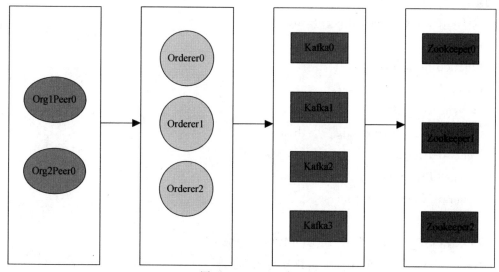

图 14.5　Kafka 共识

## (三)Raft 共识

去掉了 Kafka 集群,将原 Kafka 集群工作交给 Orderer 集群来完成,由 Orderer 集群使用 Raft 共识选出 Leader 节点进行排序出块,支持($2f+1$)节点集群,$f$ 代表失效节点个数。容忍少于半数的共识节点失效。如图 14.6 所示。

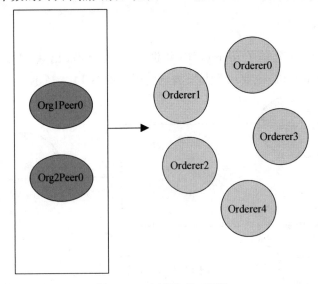

图 14.6 去掉 Kafka 集群

## 二、Fabric 共识配置

### (一)Byfn.sh 创建基础通道配置文件

Network Up 函数中调用了 Generate Channel Artifacts 函数,该函数功能即为创建与通道配置相关的文件。

♯ Generate the needed certificates,
the ger
function networkUp0){
Check Prereas
♯ generate artifacts if they don't exist
if [ ! −d "crypto−config" ]: then
Generate Certs
Replace Privatekey
Generate Channel Artifacts
fi
COMPOSE_FILE="−f \${COMPOSE_FILE}"

Generate Channel Artifacts 函数分为几步。

第一步为创建基础通道配置文件,基础通道里面配置了网络的基础信息和共识算法,可以看到根据共识算法不同配置了3种不同的命令,但配置文件都是基于configtx.yaml。

```
# anchor peer update transactions
function generateChannelArtifacts(){
which configtxgen
if I "$?"
—ne 0 ]; then
echo
"configtxgen tool not found. exiting"
exit 1
fi

echo
####
#######"
echo
Generating Orderer Genesis block
#
#######"
echo
"##############################################"
# Note: For some unknown reason(at least for now)the block file can't be
# named orderer.genesis.block or the orderer will fail to launch!
echo
"CONSENSUS_TYPE="$CONSENSUS TYPE
set —x
if [
"CONSENSUS TYPE"
=
'solo" ]; then
configtxgen —profile TwoOrgsOrdererGenesis
—channelID $SYS_CHANNEL
—outputb
elif[
"CONSENSUS TYPE"
==
```

```
"kafka" ]; then
configtxgen －profile SampleDevModekafka －channelID $SYS_CHANNEL
－outputBloc
elif [
"$CONSENSUS TYPE" ==
"etcdraft" /]; then
configtxgen  profile SampleMultiNodeEtcdRaft －channelID $SYS CHANNEL
－outpu
else
set ＋X
echo "unrecognized CONSESUS_TYPE='$CONSENSUS_TYPE'. exiting
exit 1
```

## (二)Configtx. yaml 介绍

Configtx. yaml 文件用来配置网络的各项参数和通道的配置文件。Fabric 有一条基础通道,该条通道会配置网络的基本属性,如共识方式、出块时间等,启动网络时会读取此文件,按照这条通道的配置进行启动。

```
Two Orgs Orderer Genesis：
<<：*Channel Defaults
Orderer：
<：
*Orderer Defaults
Organizations：
－ *Orderer Org
Capabilities：
<：*Orderer Capabilities
Consortiums：
Sample Consortium：
Organizations：
*Orgi
*Orgz
```

## (三)Solo 共识配置

```
Two Orgs Orderer Genesis：
<<：
*Channel Defaults
Orderer：
<：
```

\* Orderer Defaults

Organizations：

\* Orderer Org

Capabilities：

<<：\* Orderer Capabilities

Consortiums：

Sampleconsortium：

Organizations：

\* Org1

\* Org2

Solo 共识使用的是下面的配置 Two Orgs Orderer Genesis,可以看到配置了 Org1、Org2 两个组织,Channel Defaults 是通道的一些基础参数,一般不修改,Orderer Defaults 就是共识的配置参数。

Orderer：&Orderer Defaults

\# Orderer Type：The orderer implementation

\# Available types are

"solo"

and

"kafka"

Orderer Type：solo

Addresses：

— orderer. example. com：7050

\# Batch Timeout：The amount of time to wait

Batch Timeout：25

\# Batch Size：Controls the number of messag

BatchSize：

\# Max Message Count：The maximum number

—Max Message Count：10

\# Absolute Max Bytes：The absolute maxi

\# the serialized messages in a batch.

Absolute Max Bytes：99 MB

\# Preferred Max Bytes：The preferred ma：

\# the serialized messages in a batch. A

\# max bytes will result in a batch larg

Preferred Max Bytes：512 KB

Orderer Defaults 的具体内容,默认配置 Solo 模式,这里还配置了 Orderer 的域名、出块时间、区块最大容量等。

**(四) Genesis 配置文件**

byfn.sh 中使用以下命令,生成了 Solo 模式的基础通道配置区块 configtxgen －profile Two Orgs Orderer Genesis －channelID ＄SYS_CHANNEL －outputBlock ./channel－artifacts/genesis.block

Solo 共识网络即前面启动的网络。

cjyocjy－virtual－machine:~/Desktop/fabric_project/fabric－samples/f is channel－artifacts/

channel.tx genests.block Org1MSPanchors.tx OrgaMSPanchors.tx

ls channel－aftifacts 可以看到该文件。

**(五) Kafka 共识配置**

Kafka 共识使用的是下面的配置:Sample Dev Mode Kafka

Sample Dev Mode Kafka:

<<:*Channel Defaults

Capabilities:

<<:*Channel Capabilities

Orderer:

<<:*Orderer Defaults

Orderer Type: kafka

Kafka:

Brokers:

－ kafka.example.com:9092

Organizations:

*OrdererOrg

Capabilities:

<:

*Orderer Capabilities

Application:

<<:*Application Defaults

Organizations:

－ <<:*Ordererorg

Consortiums:

Sample Consortium:

Organizations:

*Orgi

*0rg2

可以看到配置了 Org1、Org2 两个组织,Channel Defaults 是通道的一些基础参数,一般不修改，依然使用 Orderer Defaults，但是参数变成了 Kafka。

\# Preferred Max Bytes：The preferred maximum number of bytes allowed

\# the serialized messages in a batch. A message larger than the prefel

\# max bytes will result in a batch larger than preferred max bytes.

Preferred Max Bytes：512 KB

Kafka：

\# Brokers：A list of Kafka brokers to which the orderer connects

\# NOTE：Use IP：port notation

Brokers：

— 127.0.0.1：9092

\# Organizations is the list of orgs which are defined as participants on

\# the orderer side of the network

Orderer Defalts 关于 Kafka 共识的参数。

### (六)Kafka 共识网络实操

进入./fabric—samples/first—network

使用命令./byfn.sh up —o kafka —n

成功启动后，Docker Images 会看到中间过程下载了两个镜像 hyperledger/fabric—kafka：latest 和 hyperledger/fabric—zookeeper：latest

hyperledger/fabric—zookeeper

latest

bbcd552150f4

15 months ago

6MB

hyperledger/fabric—kafka

latest

7e0396b6d64e

15 months ago

27

27

Docker Ps 看到启动结果，多了两个容器 Kafka 和 Zookeeper。

### (七)Raft 共识配置

Raft 共识，使用的是下面的配置：Sample Multi Node Etcd Raft

可以看到配置了 Org1、Org2 两个组织。

Imple Multi Node Etcd Raft：

<<：* Channel Defaults

Capabilities：

<2:

*Channel Capabilities

Orderer：

<:

*Orderer Defaults

Orderer Type：etcdraft

EtcdRaft：

Consenters：

Host：orderer.example.com

Port：7050

Client TLS Cert：crypto－config/order

Server TLS Cert：crypto－config/order

Host：orderer2.example.com

Port：7050

Client TLS Cert：crypto－config/ordere

Server TLS Cert：crypto－config/order

Host：orderer3.example.com

配置了6个Osdersef的集群中心、5个Orderer的集群、Orderer节点TLS证书、端口和域名。

**(八)Raft 共识网络实操**

首先./byfn.sh down 清除刚才配置的网络,然后使用命令./byfn.sh up －o etcdraft －n 启动网络。

＋peer channel update

－0 orderer.example.com：7050 －c mychannel－f/channel－arifacts/Org2MSPanchors.tx

－tls true ——caftle/opt/gopath/src/github.com/hyperldger/fabric/peer/crypto/ordererOrgantzattons/example.com/orderers/orderer.example.com/msp/tlscacerts/tlsca.example.com－cert.pem

＋res＝0

＋set ＋x

2021－10－07 06：21：31.308 UTC ［channelmd］ InttmdFactory －＞ INFO 001 Endorser dorderer connections initialized

2021－10－07 06：21：31.340 UTC ［channelCmd］ update －＞ INFO 002 Successfully submt ted channel update

============ Anchor peers updated for org 'Org2MSP' on channel 'mychanel'==============

=============== All GOOD, BYFN execution completed ==============

Docker Ps 看到启动结果，可以看到配置了 5 个 Orderer。

Tda361887466

hyper ledger/fabric—peer? latest

"peer node start"

About

minute ago

Up About a minute

0.0.0.0:7051—>7051/tcp,:::7051—>7051/tcp

peer©.org1.example.com

f793807499df

hyperledger/fabric—orderer:latest

"orderer"

About

minute ago

Up About a minute

orderer2.example.com

0.0.0.0:8050—>7050/tcp, :::8050 —>7050/tcp

66f419c5dcf3

hyperledger/fabric—orderer:latest

minute ago

Up About a minute

"orderer"

About

0.0.0.0:7050—>7050/tcp,:::7050—>7050/tcp

orderer.example.com

9cba7f35632e

hyperledger/fabric—peer:latest

"peer node start"

About

minute ago

Up About a minute

0.0.0.0:8051—>8051/tcp,:::8051—>8051/tcp

peer1.org1.example.com

cf229279536e

hyperledger/fabric—peer:latest

"peer node start"

About

minute ago

Up About a minute

0.0.0.0:9051—>9051/tcp,9051—>9051/tcp

peer0.org2.example.com

465a04681⊄69

hyperledger/fabric—orderer:latest

"orderer"

About

minute ago

Up About a minute

0.0.0.0:11050—>7050/tcp,:::11050—>7050/tcp

orderer5.example.com

d503a16eaec8

hyperledger/fabric—orderer:latest

"orderer"

About

minute ago

Up About a minute

0.0.0.0:9050—>7050/tcp,:::9050—>7050/tcp

orderer3.example.com

2619b275a6cd

hyperledger/fabric—orderer:latest

"orderer"

minute ago

Up About a minute

0.0.0.0:10050—>7050/tcp

About

：：10050—＞7050/tcp

Orderer Type：etcdraft

Orderer Delanis

17054

Etcd Raft：

Consenters：

Host：orderer.example.com

Port：7050

client TLS Cert：crypto—config/ordererOrganizations/example.com/orderers/orderer.exan

Server TLS Cert：crypto—config/ordererOrganizations/example.com/orderers/orderer.exan

Host：orderer2.example.com

Port：7050

Client TLS Cert：crypto—config/ordererOrganizations/example.com/orderers/ordererz.exa

Server TLS Cert：crypto—config/ordererOrganizations/example.com/orderers/ordererz.exa

— Host：orderer3.example.com

Port：7050

client TLS Cert：crypto—conf1g/ordererorganizations/example.com/orderers/orderer3.exar

Server TLS Cert：crypto—config/ordererOrganizations/example.com/orderers/orderer3.exa

— Host：orderer4.example.com

Port：7050

Client TLS Cert：crypto—config/ordererOrganizations/example：com/orderers/orderer4.exa

Server TLS Cert：crypto—config/ordererOrganizations/example.com/orderers/orderer4.exa

— Host：orderer5.example.com

Port：7050

Client TLS Cert：crypto—config/ordererOrganizations/example.com/orderers/orderers.exa

Server TLS Cert：crypto — config/ordererOrganizations/example. com/orderers/orderer5. exa

Addnesses：

— orderer. example. com：7050

orderer2. example. com：7050

— orderer3，example. com：7050

— orderer4，example. com：7050

— ordererS，example. com：7050

# 参考文献

[1] 李伟,朱烨东.中国区块链发展报告(2017)[M].北京:社会科学文献出版社,2016.

[2] 彭帅兴.区块链从入门到精通[M].北京:中国青年出版社,2019.

[3] 张浩.一本书读懂区块链[M].北京:中国商业出版社,2018.

[4] 荆涛.区块链108问[M].北京:民主与建设出版社,2019.

[5] 谈毅.区块链+实体经济应用[M].北京:中国商业出版社,2019.

[6] 石胜彪.零基础玩转区块链[M].北京:中国商业出版社,2020.

[7] (英)丹尼尔·德雷舍.区块链基础知识25讲[M].北京:人民邮电出版社,2018.

[8] 杜经农,杜江天.轻松读懂区块链[M].北京:人民邮电出版社,2019.

[9] (加)唐塔普斯科特,(加)亚力克斯·塔普斯科特.区块链革命:比特币底层技术如何改变货币、商业和世界[M].北京:中信出版社,2016.

[10] 徐明星,刘勇,段新星,等.区块链:重塑经济与世界[M].北京:中信出版社,2016.

[11] 长铗,韩锋.一本书读懂区块链[M].北京:中信出版社,2016.

[12] (美)威廉·穆贾雅.商业区块链:开启加密经济新时代[M].林华,等译.北京:中信出版社,2016.

[13] 龚鸣.区块链社会:解码区块链全球应用与投资案例[M].北京:中信出版社,2016.

[14] 深圳前海瀚德互联网金融研究院.区块链金融[M].北京:中信出版社,2016.

[15] 武源文,史伯平,赵国栋.区块链世界[M].北京:中信出版社,2016.

[16] 华为区块链技术开发团队.区块链技术及应用[M].2版.北京:清华大学出版社,2021.

[17] 马兆丰,高宏民,彭雪银,等.区块链技术开发指南[M].北京:清华大学出版社,2021.

[18] 刘宇熹.区块链技术及实用案例分析[M].北京:清华大学出版社,2020.

[19] 杨耀东.区块链性能提升技术[M].北京:北京邮电大学出版社,2019.

[20] 伍前红.区块链工程实验与实践[M].北京:电子工业出版社,2021.

# 区块链服务平台

IBM Blockchain：https://www.ibm.com/blockchain
Oracle Blockchain Platform：https://www.oracle.com/
腾讯区块链：https://trustsql.qq.com/
阿里区块链：https://www.aliyun.com/product/baas/
百度区块链：https://cloud.baidu.com/solution/blockchain.html
教链科技区块链：https://teachchain.cn/home